うやめよう

～もっと自分を好きになるために～

たぐちひさと

扶桑社

まえがき

何かしようとするよりも何をやらないか。今はこれまでの過去の選択、そして、行動の結果です。今の状況に満足できないなら、今の自分を変えたいなら、今までやってきたことをやめること。つい何か変えようとして、新しいことをやろうとしてしまうかもしれませんが、今までの考え方や行動をやめれば、あっというまに人生は変わり始めます。

とはいえ、なかなかそれらをやめるのは難しいかもしれません。これまで生きていくうちに、いろいろな経験をしてきて、自分の中では「正しい」と思い込んでいるからです。しかし、自分の常識は他人にとって非常識。本当に正しいとはかぎりません。

これまで私は見方や考え方を変えるきっかけを作るために、インスタグラムを通じて「言葉」を発信し続けてきました。今では50万人以上の方にフォローいただき、このような感想をいただくこともあります。

「いつまでもとらわれず、新しい明日に一歩踏み出す！昨日までと明日は違う。とても気持ちが楽になりました」
「間違いじゃないと背中を押されました」
「人と比べても意味がないですよね。スッキリしました」

本書ではこれまでの考え方を変えるために、もっと気楽に生きるために「何をやめたらいいのか」を紹介します。一度に取り組むのは難しいため、できるものから少しずつ取り組んでみてください。

そうすると、やるべきだと考えていたことが、実は単なる思い込みであったことに気づいたり、ついついやっていたことのほとんどが、たいしてやらなくてもいいことだと気づくかもしれません。

また、自分をいたわるための「体をほぐすポーズ」も紹介しています。心と体はつながっており、体をほぐすことで心もほぐすことができます。人によって体や心の状態は異なりますので、無理をせず、自分がリラックスできるポーズだけ実践してみてください。

思うようにいかない人、うまくいっていない人はいつのまにか体に無駄な力が入っていたりします。いろいろなポーズをすることによって余計な力が入っていることに気づくかもしれません。そのことに気づき、少しでも体の力を抜くことで心もリラックスします。

体が変われば、心が変わり、心が変われば、体が変わります。その繰り返しにより、これまでどうしてもとれなかった心と体のかたさがほどけていきます。心や体がやわらかくなっていくことで、喜びや幸せ、そして、どんな自分でも受け入れる余裕が生まれ、いつしか生きるのが楽になっていきます。

まずはやめることから始めましょう。

CONTENTS

CHAPTER 1 今日からやめよう …… 011

CHAPTER 2 もっとやめよう …… 073

CHAPTER 3 もっと自分をいたわろう …… 095

何でも白黒つけてしまうと疲れてしまいます。頑張れば頑張るほど空回りすることも。何も決めないことで、何もしないことで、心が楽になることもあります。ふつうのパンダは白と黒ですが、白黒つけなくていい、グレーでもいい、そのような想いから生まれたのが、グレーのパンダ「グレパン」です。

グレパン

CHAPTER 1

今日からやめよう

人生は
「やめる」ことで
変わり始める

そのままでいい

決めなくてもいいことを
決めようとしない
決めなくてもいいこともある
どちらか極端に考えてしまうと
まわりが見えなくなり
相手の気持ちが見えなくなると
人は離れていく
どちらかに決めようと頑張るほど
自分がつらくなるだけ
はっきりさせなくても
答えを出さなくても
うまくいくことがある
そのままにしておけばいい
今は気にしなくていい

迷ったとき
何も選ばないのも
立派な選択

好きになればいい

一度ダメだからといって
すぐに諦めようとして
たとえ良いことが起きても
悪いことを思い出し
何でもないことでも
悪いことばかり目を向けて
聞いてもないのに
相手の考えを決めつけて
誰にもわからないのに
将来を決めつけないこと
うまくいかないことを
すべて自分のせいにしないこと
自分を好きになれるのは自分だけ
自分を嫌いな自分を嫌いになればいい

できないことが
たくさんあっても
できることはある

完璧でなくていい

誰にだって苦手なこともあれば
弱いところだってある
完璧でないから
頼ることができて
完璧でないから
もっと頑張ろうと思えて
完璧でないから
助け合うこともできる
自分も完璧ではないから
他人にも求めないこと
お互いに足りないところを
支え合うことで
絆は深まっていく

最初から
すべて完璧に
こなせない
成長するチャンスと
考える

こだわらなくていい

こだわるのもいいけど
執着していないか
こだわるとまわりが見えなくなる
こだわると動けなくなる
こだわらなくても
いいことはたくさんある
こだわりを捨てることで
前に進めることもある
譲りたくないものがあっても
譲っていいものもある
手離すことによって
もっと自由になれる
もっと自分を好きになれる

一度手にすると
失うのが怖くなる
それでも捨てて
得られるものが
本当に大切なもの

自分らしくいればいい

我慢できるうちはまだいい
いつしか我慢していることさえ
わからなくなり
抜け出せなくなる
希望を見失う前に
理性があるうちに
その場から離れること
いつしか我慢は後悔となり
取り返しのつかないことになる
もう合わせなくてもいい
もう気にしなくてもいい
もう恐れなくてもいい
キミらしく生きればいい

断れば断るほど
断れるようになり
我慢するほど
我慢するようになる

気にしなくていい

誰かの一言を気にして
時間を無駄にしないこと
その人は何も考えていない
気にしていない
どんなに考えても相手に関係がなく
モヤモヤするだけ
気にするくらいなら
他のことを考えてみる
思い出してしまうなら
その場から離れてみる
同じ時間を使うなら
自分のために
明日のために
未来のために

いくら相手のことを考えてもその通りに動くわけではない

頑張らなくていい

頑張らなくてもいい
無理して頑張っても
続かなくなるから
そのときを待てばいい
頑張りたいと思うのは
頑張れない自分がいるから
無理して自分を追いつめても
うまくいかないだけ
誰かのために頑張るのは素敵だけど
自分を大切にすること
焦らなくていいから
頑張れる自分になれたら
また頑張ればいい

痛みがないから
大丈夫ではない
病気ではないから
大丈夫ではない
もう大丈夫ではない

決めなくてもいい

たとえ時間がかかっても
納得して答えを出すこと
無理して早く決めて
間違った方向に進み続けても
ゴールにたどりつけない
すぐに決めなくてもいいなら
決めなくてもいい
何も判断しなくてもいい
まわりに惑わされずに
自分の気持ちを大切にすること
人生で後悔するのは
自分で決めなかったこと
どうすれば未来の自分が喜ぶか考えて
ゆっくり決めればいい

本当の望みを
認識することから
すべてが始まる

自分で決めればいい

なんとなく好きになって
なんとなく付き合って
なんとなく選んで
なんとなくうまくいっているときは
それでいいかもしれない
うまくいかなくなったとき
きっと自分の選択を後悔する
なんとなく決めないこと
他人にゆだねないこと
自分の意思で決めること

たとえ不安でも
迷っていても
相談しなくていい
もう答えは
決まっているから

期待しなくていい

期待するから裏切られる
期待しなければ
冷静に受け止められる
期待して悪いことが起きれば
その分だけ落ち込み
期待しないで良いことが起きれば
その分だけ喜びは増える
期待してしまうのは
できないと思い込んでいるから
期待してしまうのは
いつまでも忘れられないから
期待を現実にするのは自分の行動だけ
まわりに期待するくらいなら
自分に期待すればいい

誰かに
期待するほど
不幸になりやすい
行動すれば
幸せになりやすい

動けばいい

いくら望んでも
いくら期待しても
待っていては何も変わらない
現状に満足できないなら
今の自分が嫌なら
今の自分がしないことをする
行動を変えれば
場所が変われば
出会う人が変われば
あっというまに
世界は変わっていく

人生は
食べたものと
目にした言葉と
出会った人で
作られていく

求めなくていい

自分から連絡して
返事が来なくても
自分から何かをして
喜んでくれなくても
気にしないこと
見返りを求めれば求めるほど
相手は離れていく
自分から求めるのをやめて
何も期待せずに与え続けること
いつか思いもよらないときに
自分に返ってくる

欲があるから
弱みが生まれ
つけこまれる
必要以上に
望まないこと

選べばいい

迷っていても何も解決しない
目の前に選択肢はあるから
あとは選ぶだけ
それでも迷うくらいなら
他に選択肢がないか考える
ゴールは一つでも
やり方はいくらでもある
どんな選択をしてもいい
正しいかどうかは
そのあとの自分の行動が決める
迷うくらいなら選んでみる
迷うくらいならやってみる

最大の過ちは
できないと思って
諦めること

理解できなくていい

恋人でも家族でも
自分のことを100%理解して
もらえることはない
本当に自分のことを
理解できていないのに
他人から理解してもらえることはない
まずは自分から
相手を理解しようとすること
少しでも自分のことを
知ってもらおうとすること
互いに理解できないことがあっても
歩み寄ることはできる

完璧な
親もいなければ
完璧な
子供もいない
お互いさま

怒らなくていい

怒りは寂しさから生まれることもある
怒りは期待しているから生まれることもある
怒りはどうしていいかわからないから
生まれることもある
怒ってもいいことはなくて
あとから振り返ると悲しくなるだけ
それでも怒るのは
正しさにこだわったり
どうしても許せなくなるから
怒るのは仕方ないけど
いつまでも引きずらないように
一度怒ったらもうやめよう

怒ったときは自分にとって得か損か考える

相手にしなくていい

人を批判することでしか
自分の価値を高められない人と
付き合うのをやめなさい
人を傷つけることでしか
振り向かせられない人から
今すぐ離れなさい
相手にしたら自分も同じになる
何と言われようとも
どんなに許せなかったとしても
相手にしないこと
大切な人と過ごすこと
毎日幸せと思って生きていないと
人生はあっという間に終わってしまう

意見を受け入れるかは
自分で決められる

信じればいい

出会いを求めているのに
勝手に人を決めつけて
会おうともせず
いつのまにか一人になっている
まずは会ってみること
話してみること
少しでも興味を
持ってくれる人がいたら
大切にすること
信じないと信じてもらえない
信じないと何も始まらない
自分もまわりも疑って
チャンスを失わないように

条件ばかりに固執して
あら探しをしない
良いところを探して
惚れた人が
幸せになる

伝えればいい

心にもないことを言って
喜んでもらおうとしても意味がない
何かしてもらおうとしているなら
自分のことしか考えていない
本当に思ったことを
そのまま伝えればいい
ときには厳しいことを
伝えることになっても
そこに想いがあるなら
信頼関係があるなら
どんな言葉でも伝わる
無理して褒めなくてもいい
そのまま想いを伝えればいい

人間関係が
うまくいかないのは
想像力と
思いやりと
共感の欠如

一番でなくてもいい

一番になることがすべてではない
同じゴールを目指す必要はない
たとえ一番になっても
いつか下がるだけ
誰にでも役割があり
自分だけのゴールがある
まわりがどんなに進んでいても
焦らないこと
自分のゴールを追い求めれば
結果がどうでも満足できる
一番になるよりも
自分であり続けること

他人の期待の
犠牲にならないように
無駄な時間を
費やさないように
自分が望むように

勝たなくていい

勝つことにこだわると
小さくまとまり
挑戦できなくなる
何度負けてもいいから
自分の思うようにすればいい
たとえ負けたとしても
そのたびに立ち上がればいい
挑戦しなければわからないことがある
負けることでしか学べないことがある
勝たなくてもいいから
今の自分がやりたいことを
思いっきりやればいい

失敗や
負けることを
楽しめたら
いい人生

頼ればいい

自分でやらなくても
いいことはたくさんある
すべて抱え込んで
殻に閉じこもっていたら
余計に苦しくなるだけ
苦手なことがあれば頼ればいい
できないことがあれば任せればいい
助けが欲しければ声に出せばいい
少しでも余裕ができたら
今度は自分が手を差し伸べること
お互いさまだから
今は無理しなくていい

一人で変わるのが
難しいなら
まわりの力を
借りればいい

休めばいい

いつまでも戦い続けられる人はいない
ときには休むことも必要となる
戦わなくてもいい
今の自分を
目の前の現実を
受け止めればいい
自分から敵を作らないこと
自分から殻に閉じこもらないこと
誰にでも思うようにいかないこともあれば
ときには落ち込むこともある
それでも限られた時間の中で
どのように今を楽しむのかを考える
心の平和は自分が作り出す

ずっと頑張れる
人はいない
逃げ場を
作っておかないと
人生は苦しくなる

やればいい

いくつになっても可能性はあるから
自分のことを決めつけないこと
何も始まっていない
遅いことはない
才能があるかないかではなく
できそうかどうかではなく
本当にやりたいか
どこを目指して何を大切にして
どのように生きるのか
どのような自分でいたいかは
自分で選べる
いくつになっても人生は
自分の思うようになる

限界を作れるのは自分だけ

探さなくていい

始める前から答えを探そうとして
なかなか見つからなくて
動けなくなって
最初から答えはない
自分で納得できたことが答えとなる
どのようにしたら
自分が納得できるのか
少なくとも今の自分でいれば
今の場所にいれば納得しない
答えがなくても歩き続けること
たとえ答えが見つからなくても
それまで歩んできた自分が
好きならそれでいい

夢は遠い未来にあり
希望は心の中にあり
幸せはもうすでにある

好かれなくていい

いくら頑張って
好かれようとしても
合わない人もいる
嫌われないようにして
自分のことを出さないようにしても
いつか離れてしまう人もいる
どんなに素敵な人でも
誰にでも好かれることはない
自分には自分に合った人がいる
自分らしく生きて
その人たちを大切にする

誰かに嫌われることで
誰かに好かれている

絞ればいい

すべてのことに力を注ごうとするから
すべて中途半端になる
本当に今していることが
自分のしたいことなのか考える
たとえ不安であってもすべてやめて
一つのことに集中する
まわりの声に惑わされず
ひたすら続けることで
自分らしさが生まれる
みんなと違っていても
すぐに結果が出なくても
気にしなくていい
そのまま突き進めばいい

他をかえりみず
空いている時間を
すべて費やせば
たいていのことは
叶えられる

考えなくていい

何かにつけて
過去を思い出そうとして
勝手にイライラして
自分が嫌になって落ち込んで
過去を思い出すから
不快な気持ちになる
過去は変えられない
他人は変えられない
変えられないことを考えるより
変えられることを考える
過去を引きずるよりも
これからを考えればいい

人生最後の日
今日のことなんて
思い出さないから
どんな失敗をしても
気にしなくていい

言わなくてもいい

誰でも嫉妬したり
ねたんだり
怒ることもある
どんなに湧き上がっても
すぐに気持ちを口に出さないこと
口に出せば後悔し
まわりは離れていく
誰よりも聞いているのは自分で
苦しい思いをするのも自分
相手にぶつけても
何も問題は解決しないから
何も言わずにできることをする

言葉だけで
解決しようとしない
相手が
理解しやすいように
自ら動くこと

離れればいい

いくら伝えても
いくら想いをぶつけても
応えてくれない人はいる
そのたびにイライラして
自分が傷ついていく
それでも信じようとして
頑張ったとしても
ほんの少しの期待が怒りとなり
失望へと変わっていく
今までの自分は
間違いではないけれど
もう諦めよう
もう離れよう

休むことで
離れることで
見えてくることもある

信じればいい

みんながしているから
正しいとはかぎらない
みんなが言うからといって
良いとはかぎらない
自分はどう思うのか
自分はどうしたいのか
まわりの声に惑わされないこと
自分の心の声を信じること
ときには一人になることもある
不安でも迷いがあっても
自分の道を歩めばいい
その先には
明るい未来が待っている

大勢の人と
つながって
安心していると
自分を見失う

CHAPTER 2

もっとやめよう

当たり前に
思っていることは
当たり前ではない
やめることで楽になる

無理しなくていい

やる気を出そうとしなくていい
無理してやる気を上げても
あとは下がるだけ
やる気を出そうとしなくても
やる気になることを見つけること
何のためにするのか
誰のために頑張るのか
いつまでに成し遂げたいのか
わからないとやる気になれない
自分らしく続けていれば
おのずと結果は出る

疲れているときは
無理して
人に会わないこと
一人でいるのが
一番いい

やせなくてもいい

何のためにやせたいのか
目的がなければ続かない
どんな素晴らしい方法も
続かなければ効果はない
無理してやせなくてもいい
健康であれば今のままでいい
我慢していたら
いつしか心がやせていく
やせることがすべてではない
心と体が健康であってこそ
人は美しくなる

どんなにきれいに
見える人よりも
幸せに見える人が素敵

結婚しなくてもいい

いい年と思って焦らなくていい
自分のタイミングで結婚すればいい
結婚したいと思ってもできるものでもなくて
相手がいないなら悩んでも仕方がない
結婚したいならその先に何があるのか
一緒に何をしたいのか考える
結婚をゴールにしないこと
自分が思うよりも先は長く
いつしか一緒にいるのが苦しくなり
別れることだってある
希望を見いだせないなら
無理して結婚しなくていい

どんな人と
出会うかで
人生は変わる
誰と出会うかは
自分が決める

つながらなくていい

見たくもないのに見てしまい
勝手にイライラして
人と比べて羨ましくなって落ち込んで
知り合いが増えるほど面倒になって
嫌われたくないと思って
付き合っても楽しいことはない
知らなくてもいいことはたくさんある
フォローしなければいい
見なければいい
簡単につながるけれど
簡単に切ることができて
本当の絆はSNSでは生まれない

余計なことを
言う人から
離れなさい
自分も言うのを
やめなさい

若返らなくていい

若さを求めるより今の自分を楽しむ
年をとるのは悪いことではない
失ったものもあれば得たものもある
年を重ねて学べることもある
過去を振り返らなくてもいい
過去を悔やまなくてもいい
これからどのように生きるのか
やり直すのに遅いことはない
いくつになってもチャレンジできる
いくつになってもやりたいことはできる
そう思える心があるなら
きっとこれからも大丈夫

足りないことを数えたら
不満が増える
あるものを数えたら
感謝が増える

夢がなくてもいい

夢がなくても素敵な人はいて
夢がなくても頑張れる人はいて
夢がなくても幸せな人はいる
夢があるかどうかよりも
自分らしく生きているかどうか
何かを成し遂げたかどうかより
今の自分を楽しめているかどうか
今の生き方が好きなら
そのままでいい
たとえ夢がなくても
たとえ夢が叶わなくても
幸せになれる

この世に
生まれてきたことが
最大のチャンス

勉強しなくてもいい

勉強は暗記するものではない
勉強はいい点数をとるものではない
勉強は無理してするものではない
何のために学ぶのか
本当にやりたいことに
つながらないなら
勉強しなくてもいい
自分の好きな道をつきつめればいい
たとえすべてわからなくても
いかに何も知らないか知ることも
学びとなる

準備ができるまで
待っていたら遅い
たいていチャンスは
自分のタイミングで
やってこない

辞めなくてもいい

会社の不満を言っても
何も変わらない
本当に辞めたいなら
すでに辞めている
会社には悪いところもあれば
良いところもある
なぜ自分が残っているのか考える
他に本当にやりたいことがあれば
会社を辞めてもいいけど
辞めなくてもできることもある
両方とも続けて
それから決めればいい

一年目は失敗し
二年目は苦しみ
三年目は切り替えて
四年目に気づき始め
五年目に答えにたどりつく

わからなくていい

いくらキャリアを考えても
その通りになることはほとんどない
誰も将来なんてわからない
今決める必要もない
わからないことを
考えようとするから不安になる
キャリアより大切なのは
今の自分が何をしたいのか
今の自分がそれをしているのか
今の自分のベストを尽くすこと
あとから振り返ったとき
その積み重ねがキャリアとなる

20代までは
目標に向かって
がむしゃらに頑張ればいい
30を過ぎたら
自分の時間を持たないと
自分を見失う

見つけなくてもいい

天職を探しても
見つかるものではない
あとからわかるもの
今目の前にある仕事を頑張り
まわりを喜ばせていれば
きっと見てくれる人はいる
どんな会社にいるのか
どんな仕事をするかは重要ではない
どのような自分なら満足できるのか
どのようにしたら一日を楽しめるのか
まずは今の仕事でやってみる
難しいなら別の仕事ですればいい

早くたどりつくことが
すべてではない
ゴールに
たどりつくまでに
何を学んだか

CHAPTER 3

もっと自分をいたわろう

一生付き合うのは
自分の体だけ
いつのまにか
傷つけないように
ずっと大切に

つい無理をして、知らず知らずのうちに体に力が入っていませんか？　頑張りすぎて自分を苦しめるのはやめて、ときには体の声に耳を傾け、いたわることも大切です。

ここでは、体をほぐすための30のポーズを紹介します。どれも普段あまりしない動きばかりですが、それにより、どれだけ体がこり固まっているかに気づくかもしれません。

ポーズは頑張りすぎた日、緊張した日、イライラした日、落ち込んだ日とシチュエーションごとに分かれています。そのときどきの体や心の状態に合わせて、気になるもの、できそうなものから取り組んでみてください。

ポーズはイラストと同じようにできなくても、回数をこなせなくても問題ありません。大事なのは体の声に耳を傾けて、呼吸を止めず、ゆったりとした気持ちで行うこと。次第にこり固まっていた体がほぐれ、心までほぐれていくはずです。

これから一生付き合っていく自分の体をいたわって、いつまでも大切に。

頑張りすぎた日に

片目で体ゆらし

1

体を正面に向けてイスに座り、左の目に左手をそっと置きましょう

2

息を吐きながらあごを上に向けます。息を吐ききったら、息を吸いながら①の姿勢に戻りましょう

③

息を吐きながら体をゆっくり丸めます。息を吐ききったら、息を吸いながら①の姿勢に戻りましょう。②〜③を3〜5回繰り返しましょう。反対の目と手に替えて同様に行います

パソコン作業などで目が疲れると、眼球がけいれんしたようにゆれることがあります。片目ずつ手を置いて眼球を落ち着かせましょう。さらに上半身を動かしながら息を吐くと呼吸が深くなり、心を穏やかにする神経が高まって、目の緊張がおさまります。

マイクでぐるぐる

1

口の前で手にマイクを握っている形をつくり、口の周りをぐるぐる3〜5周回します。そのとき、唇で手のマイクを追いかけるようにしましょう

2

鼻の前でマイクをつくり、鼻の周りをぐるぐる3〜5周回します。そのとき、鼻先で手のマイクを追いかけるようにしましょう

3

あごの下でマイクをつくり、あごの周りをぐるぐる3〜5周回します。そのとき、あご先で手のマイクを追いかけるようにしましょう

デスクワークの多い人は同じ姿勢を続けているため、おなかの筋肉が緊張してしまいます。この動きは、口、鼻、あごの動きに合わせておなか周りが動くので、縮こまった筋肉がしなやかになります。また、肩や腕の動きもよくなって、肩こりの改善にも。

手の指ねじり

1

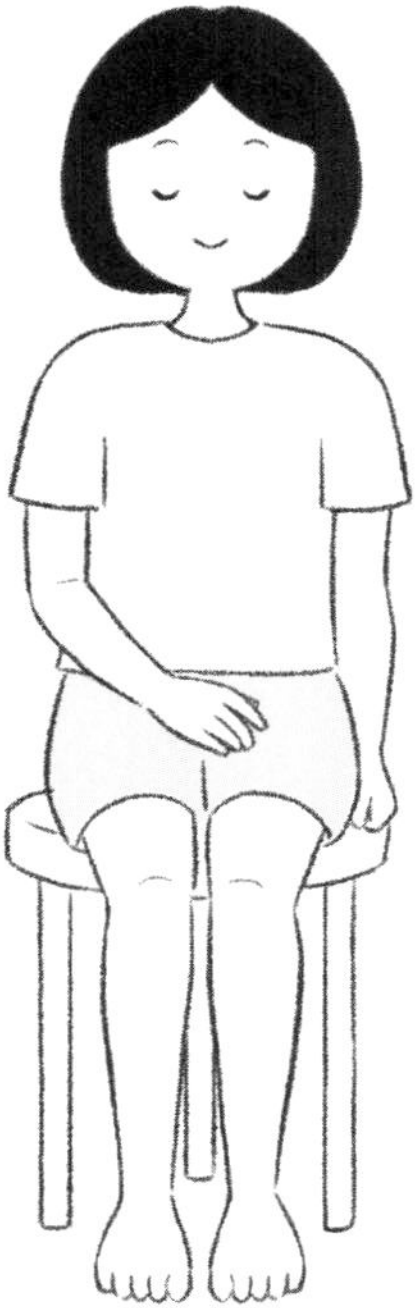

イスに座り、右手をももに
置いて、リラックスします

2

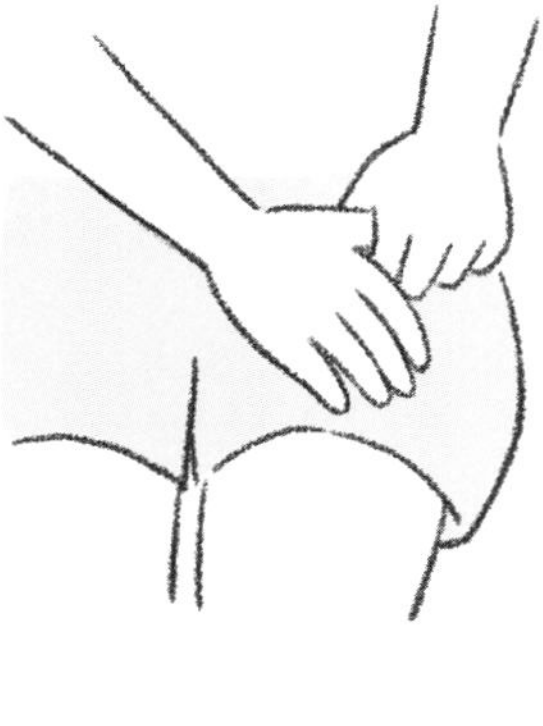

右手の親指を左手でにぎり
ましょう

3

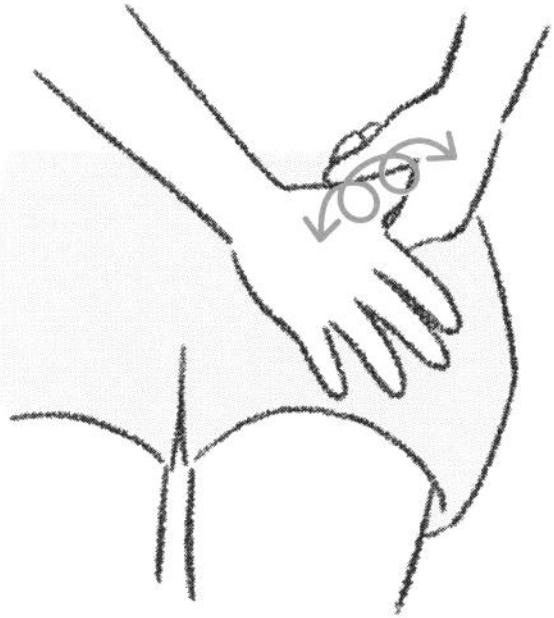

ワインのコルクを抜くようにやさしくねじりながらゆっくり親指を抜き、今度はゆっくりねじりながら②の状態に戻しましょう。ほかの指も同様に行います。反対の手に替えて同様に

手には、気持ちを高ぶらせる神経につながるさまざまなツボがあり、指先を刺激することで、どんより疲れモードの脳がシャキッとリセットできます。とりわけ指先には、内臓の調子を整えるツボが集結。このことからも体に活力を与えてくれます。

肩上げ脱力

1

自然な力で片方の肩をゆっくりと上げましょう

2

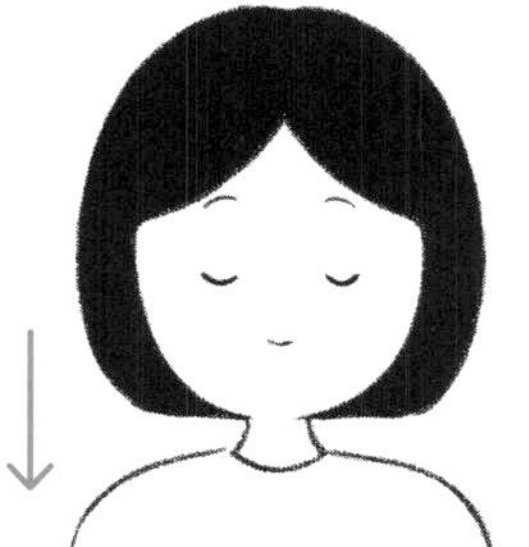

自然な力で上げた肩をゆっくりと下げましょう。①〜②を何度か繰り返します

上下の動きをだんだん小さくし、止まるところを探しましょう。反対側も同様に

疲れがたまって体がだるく感じるときは、肩を小さく上下に動かしましょう。それにより、体のゆがみが修正され、こりがほぐれていきます。小さな動きですが、動かす前の肩と比べると、明らかに肩が軽くなっているのを実感できます。

肩抱きぐるぐる

イスに座って、両肩を両腕で抱き、息を吐きながらゆっくり顔を下に向け、腕を下げます

①とは逆に、息を吐きながらゆっくり顔を上に向け、腕を上げます

3

顔と腕を正面に戻し、肩を抱いたまま、ひじで大きく円を描きましょう。右回り、左回りを各3〜5回行います。回しながら体を丸めたり反らしたりして、おなかが伸び縮みするのを感じましょう

肩を抱かれると安心感を得られるように、自分を抱え込むことで気持ちが安定します。そのうえで、首や腕を上下に動かしたり、体をぐるぐる回すことで、首や肩、おなか周りの血のめぐりが促進。体が温まり、重くなった体の疲れがやわらぎます。

ひざ上げ下げ

1

イスの前の方に座り、片方のひざを両手で抱えます

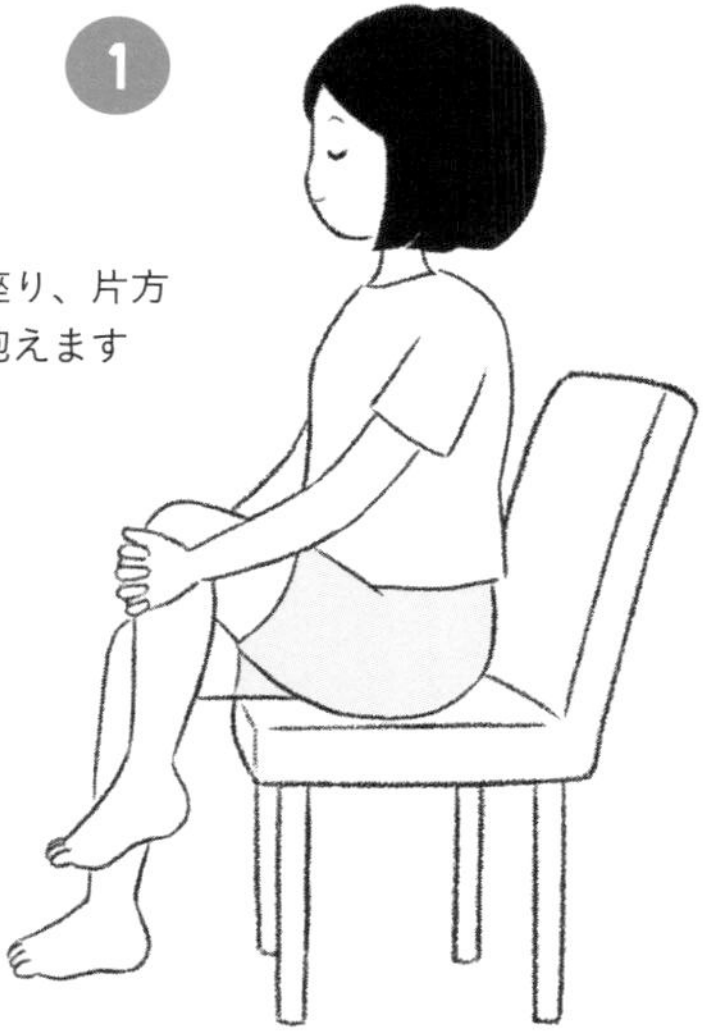

2

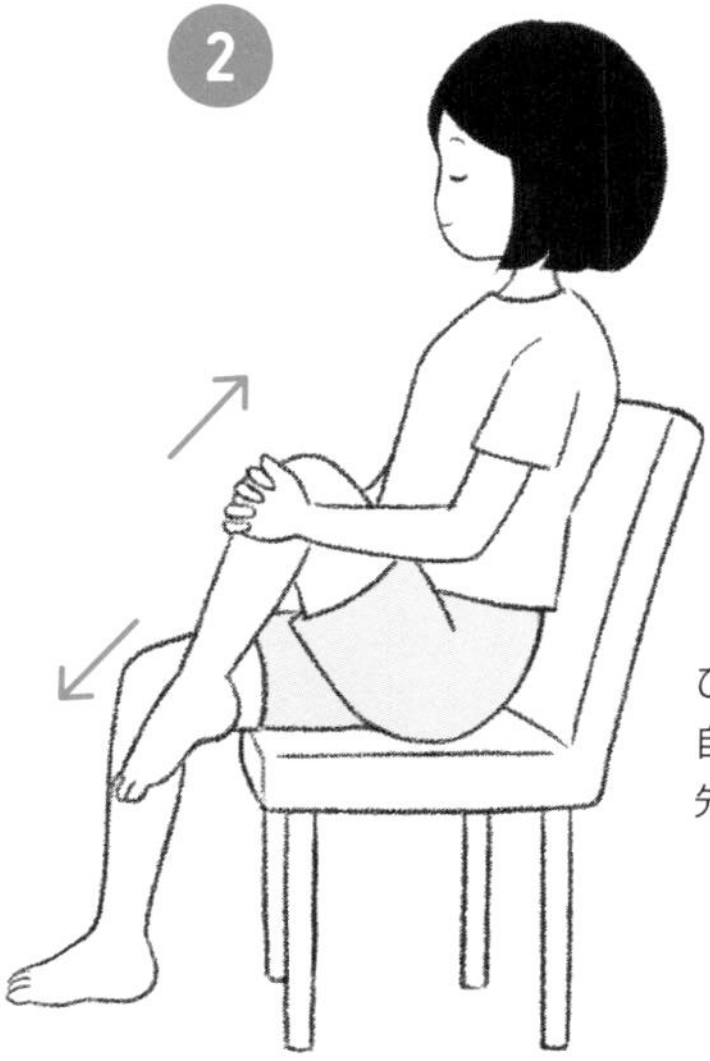

ひざを引き寄せながら、体を自然に背もたれに倒し、つま先を伸ばし、下に向けます

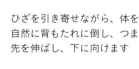

3

体を①の姿勢に戻し、つま先を上げます。①〜③を3〜5回繰り返します。反対側も同様に

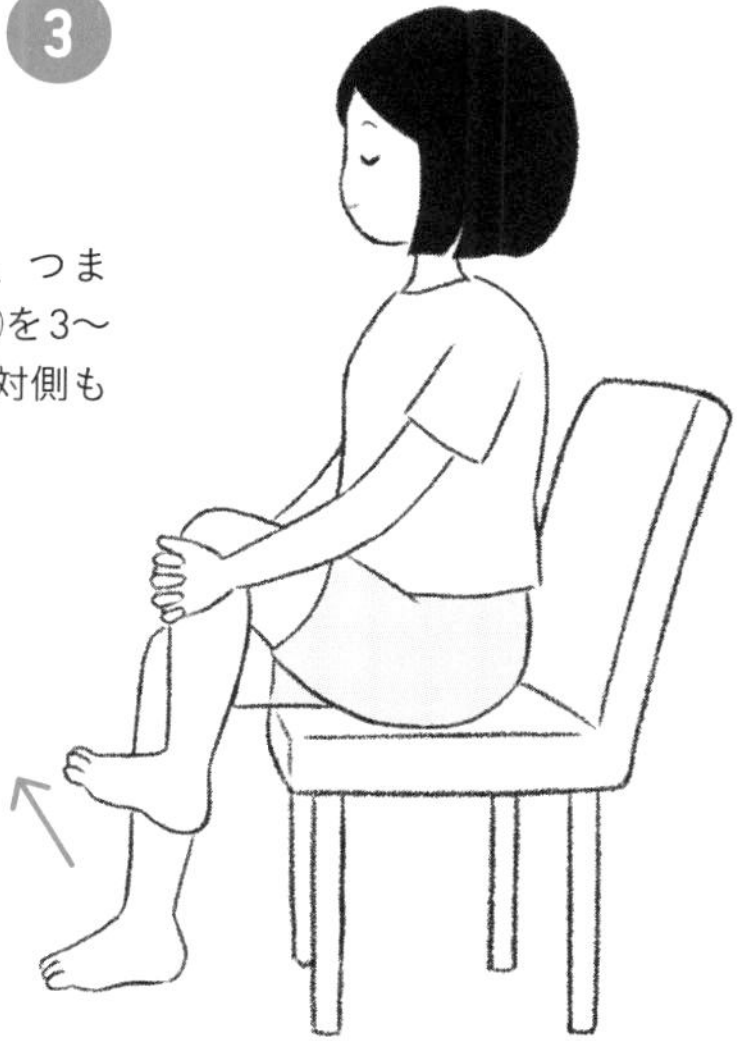

立ったままや座ったままの状態が続くと、脚がパンパンにむくみがち。ふくらはぎには、脚にたまった余分な水分（老廃物）を押し戻すポンプのような役割があります。ひざを上げ、足首やふくらはぎを動かすことで老廃物が排出され、むくみや冷えが解消します。

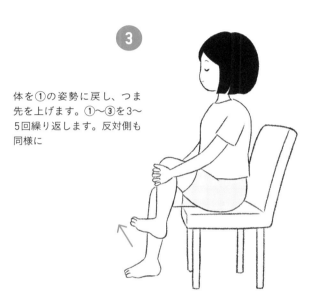

かかとひねり

1

壁に向かって立ち、両手のひらを壁につけます。左足は半歩後ろに引きます

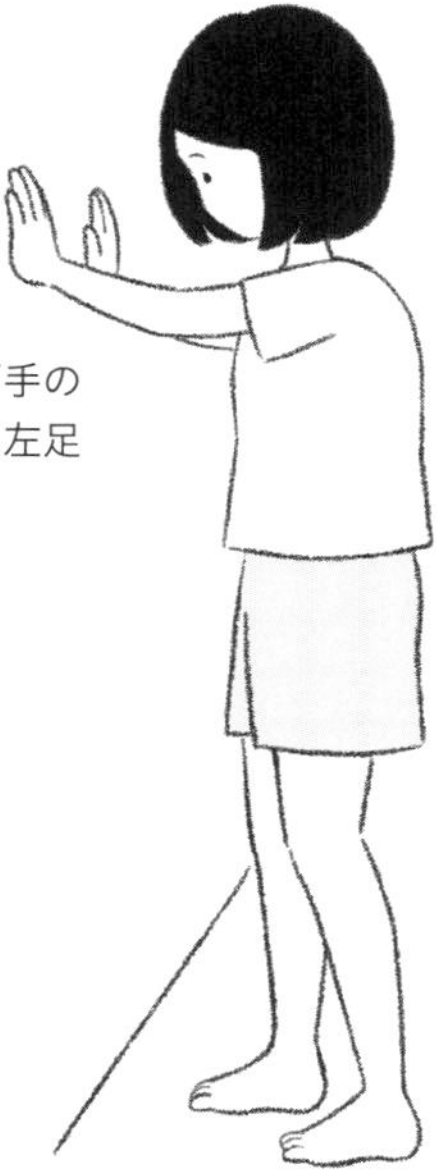

2

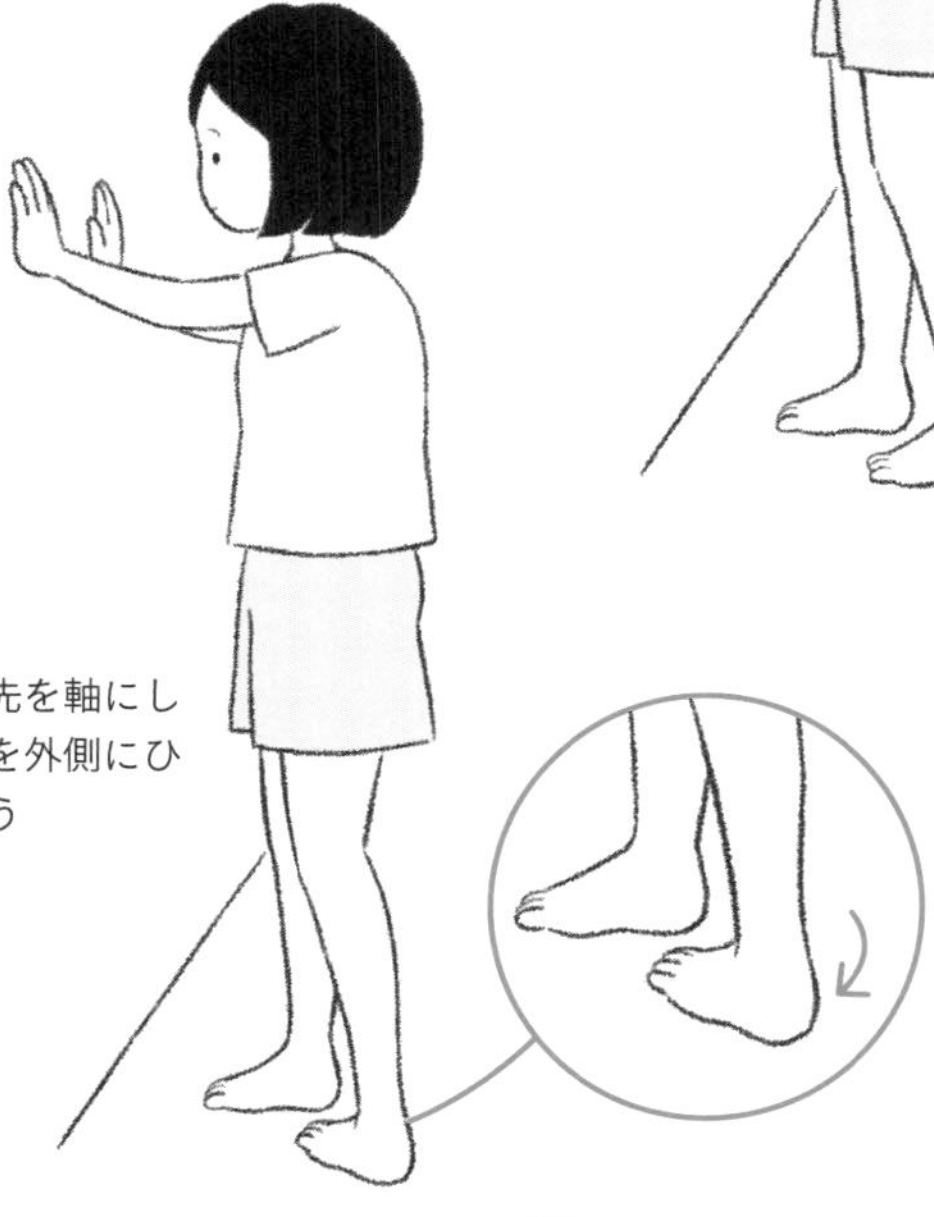

左足のつま先を軸にして、かかとを外側にひねりましょう

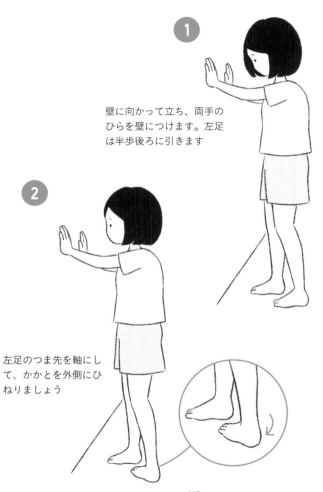

今度は左足のつま先を軸にしたまま、かかとを内側にひねります。②〜③を3〜5回繰り返しましょう。反対側も同様に

デスクワークなどでこり固まってしまった腰周りをほぐす動きです。かかとをひねることで腰周りまで連動し、滞っていた血のめぐりが改善します。腰周りの筋肉がゆるむだけでなく、骨盤のゆがみの改善にもつながり、姿勢もよくなります。

寝転がって胸開き

1

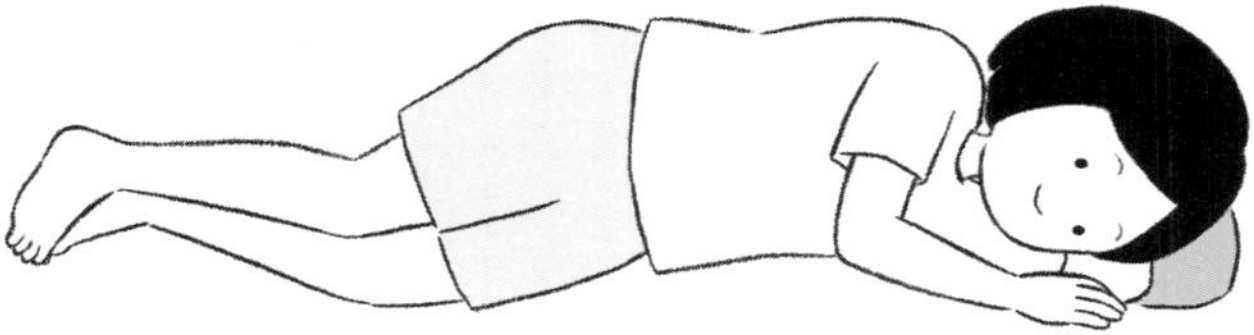

体の左側を下にし、横向きに寝ます

2

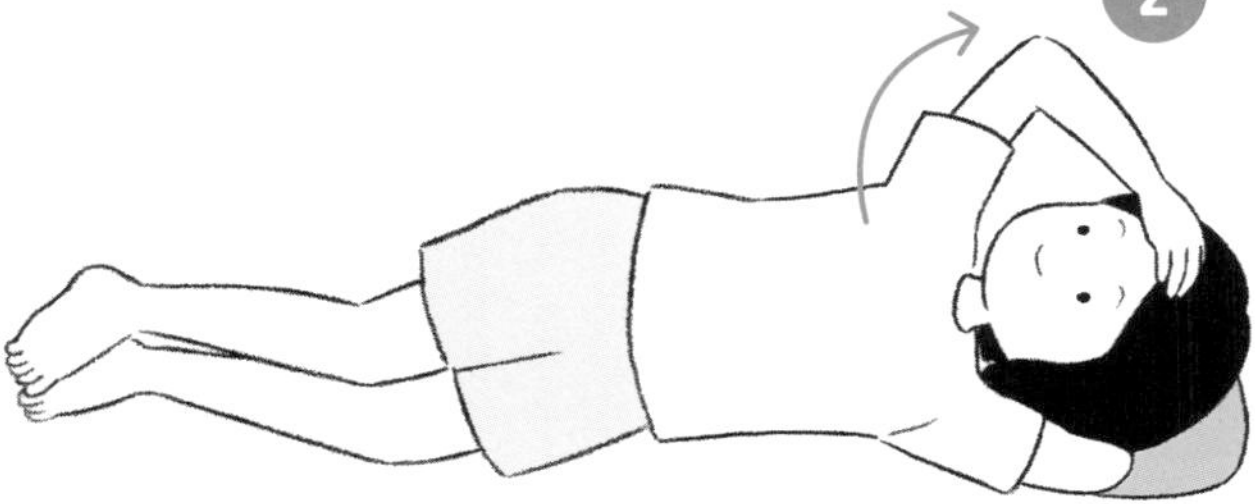

右の手のひらをおでこにあて、右腕をゆっくり上に向けていきます。胸が開いているのを感じましょう

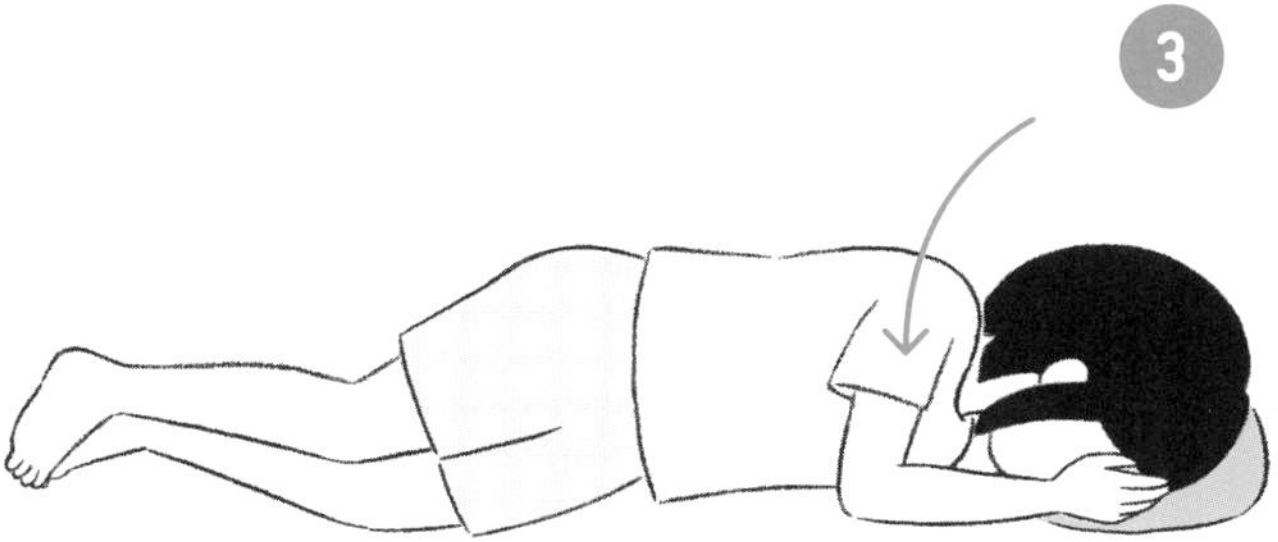

頭と右ひじをゆっくり床に近づけます。
②〜③を3〜5回繰り返しましょう。
反対側も同様に

疲労がたまると、背中や腰の筋肉がはり、血流が滞ってしまいます。寝ながらゆるゆる腕を上げることで、自然と胸が開いて背中や腰周りも動きます。それにより、血のめぐりをよくして、筋肉のはりを取り、腰痛などを予防します。

だるまさんゴロゴロ

1

あおむけになり、両手を使って両足の裏を合わせます

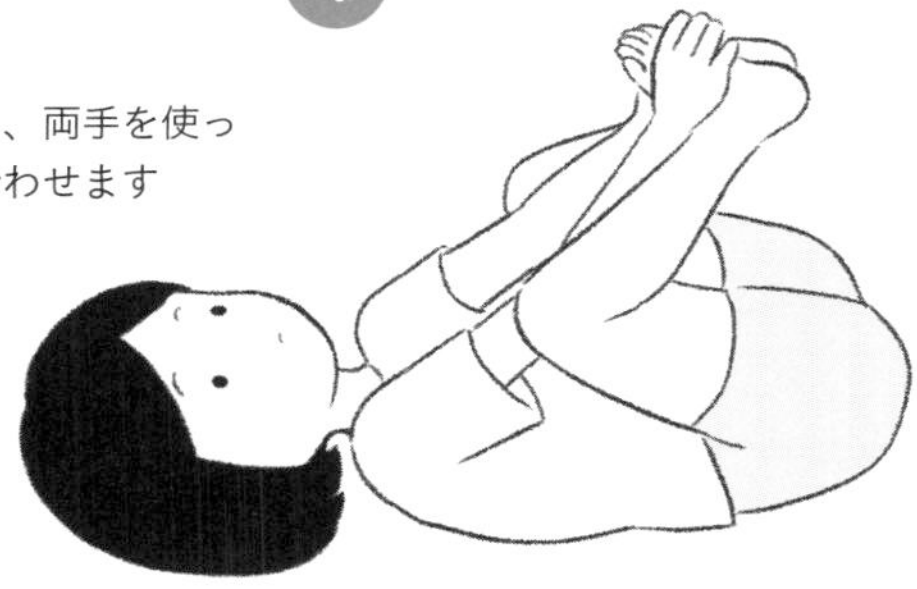

2

両足の裏を合わせたまま左右前後に5〜6回ゴロゴロ転がり、背中をほぐします

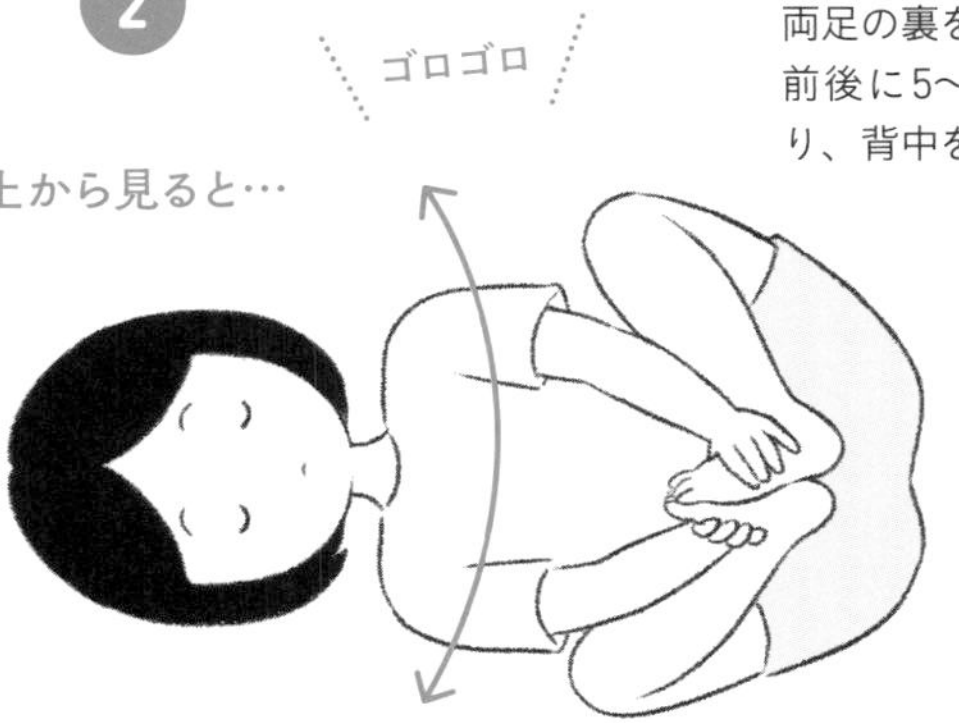

右に転がり、手で足をつかんだまま右脚を伸ばし（無理のない範囲でOK）、3～5回呼吸をします。反対側も同様に

体を丸めてだるまのように転がることで、気持ちをリラックスさせながら、背中のこりをほぐします。さらに脚を広げることで、かたくなった股関節が柔軟に。筋肉がほぐれると、全身の疲れがやわらぎ、就寝前に行うと眠りの質も上がります。

脚開き＆屈伸

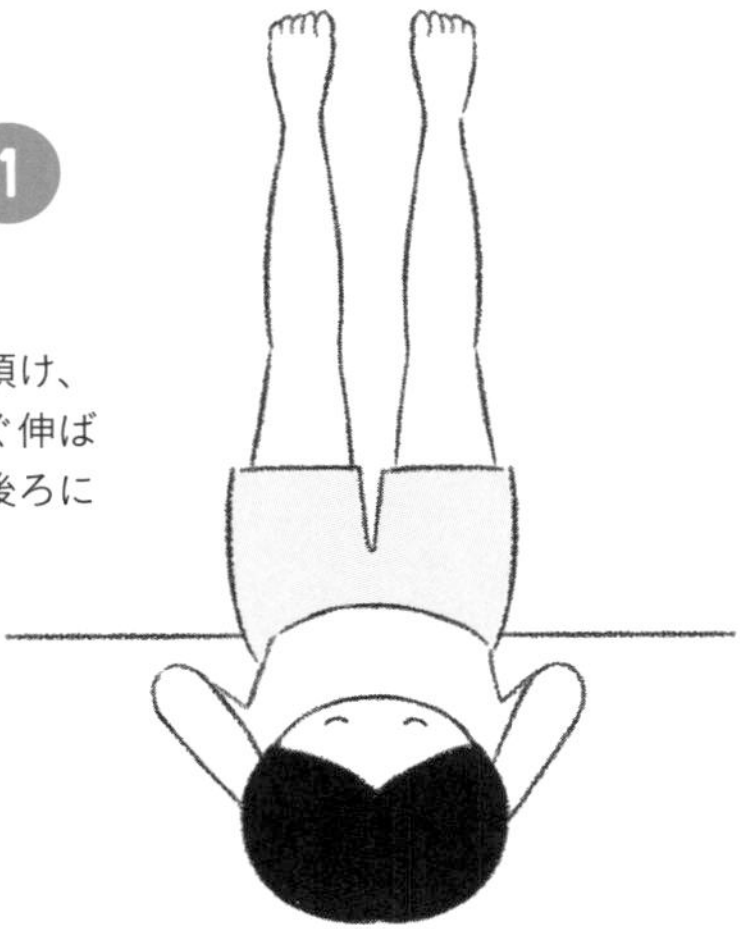

1

寝転んで壁に両脚を預け、天井に向けてまっすぐ伸ばします。両手は頭の後ろに置きましょう

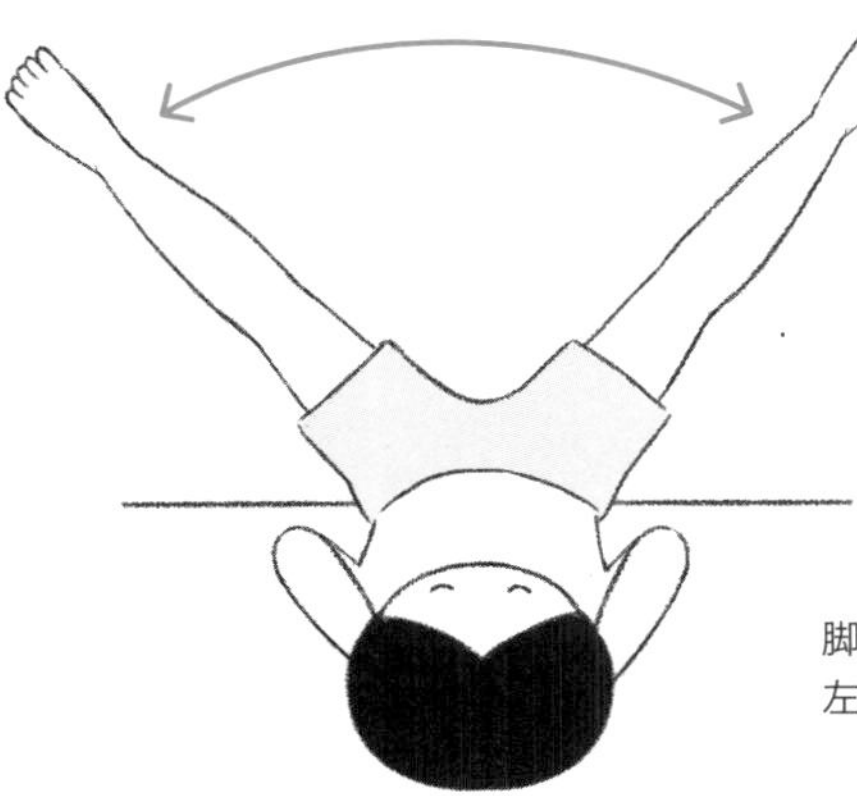

2

脚を伸ばしたまま、パカッと左右に開きましょう

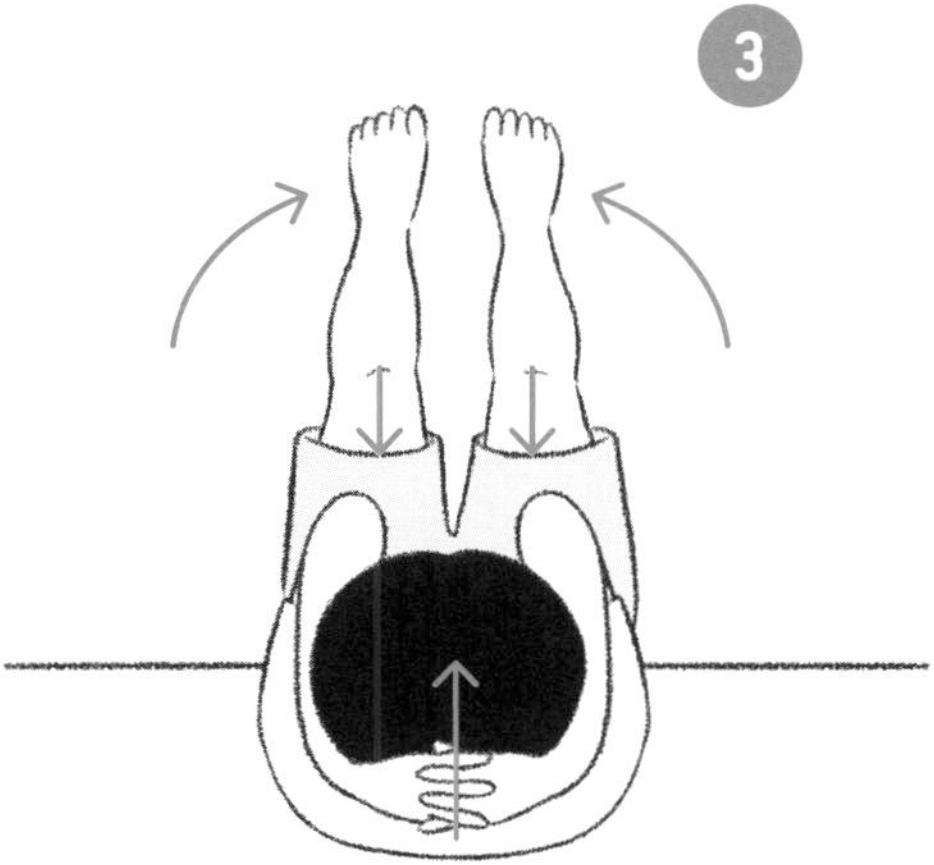

脚を閉じながらひざを曲げ、同時に頭を上げて両ひじと両ひざを近づけます。①〜③を3〜5回繰り返します

1日動いてむくんだ脚をケアする動きです。寝転がって脚を高く上げ、パカッと開いたり、屈伸したりすることで、脚にたまった余分な水分（老廃物）を排出し、血液の流れを促します。寝転がったまま行うのでガチガチになった背中の筋肉もほぐれます。

壁すべり

1

寝転んで壁に両脚を預け、脚をそろえて天井に向けてまっすぐ伸ばします

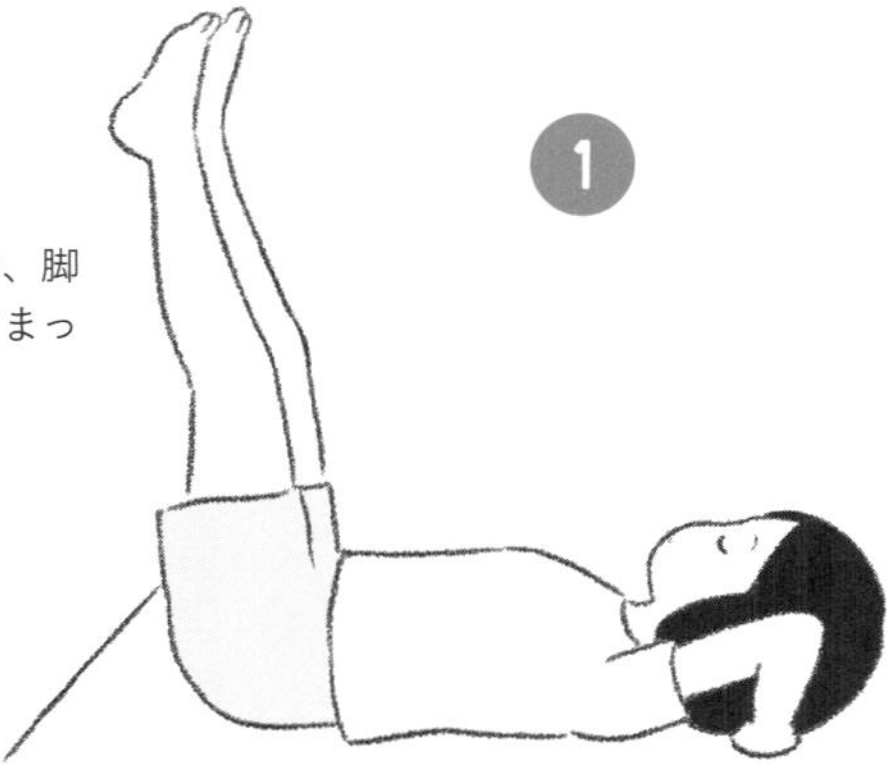

2

左足の側面（小指側）を壁につけたまま、弧を描くようにして左にすべらせます

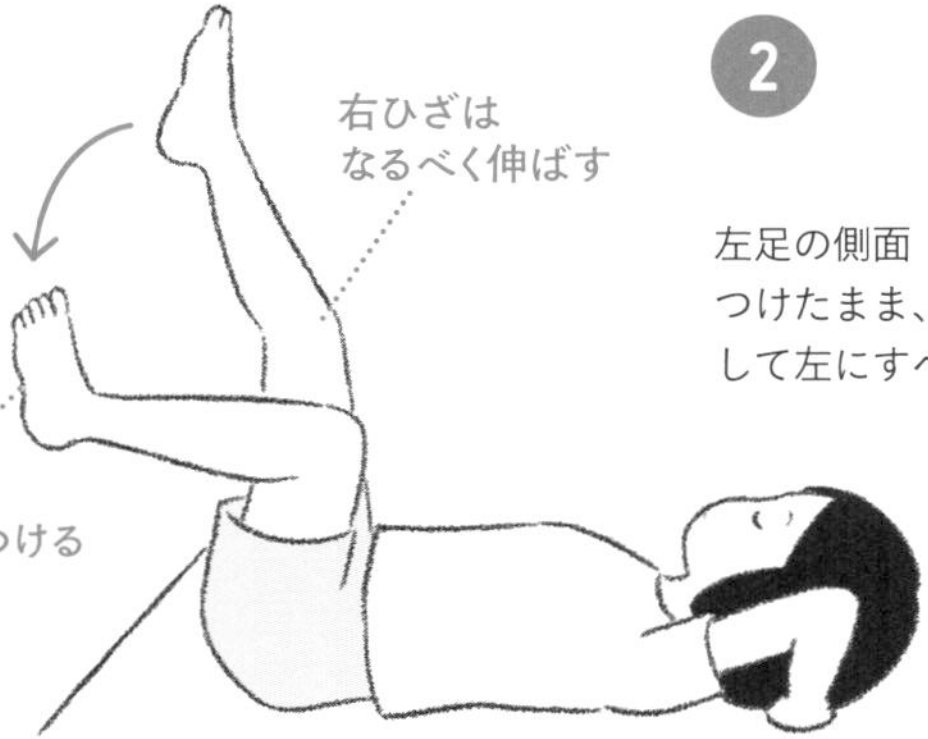

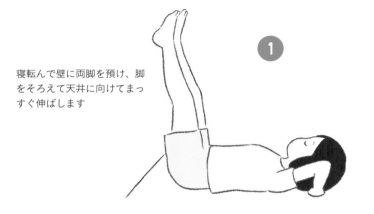

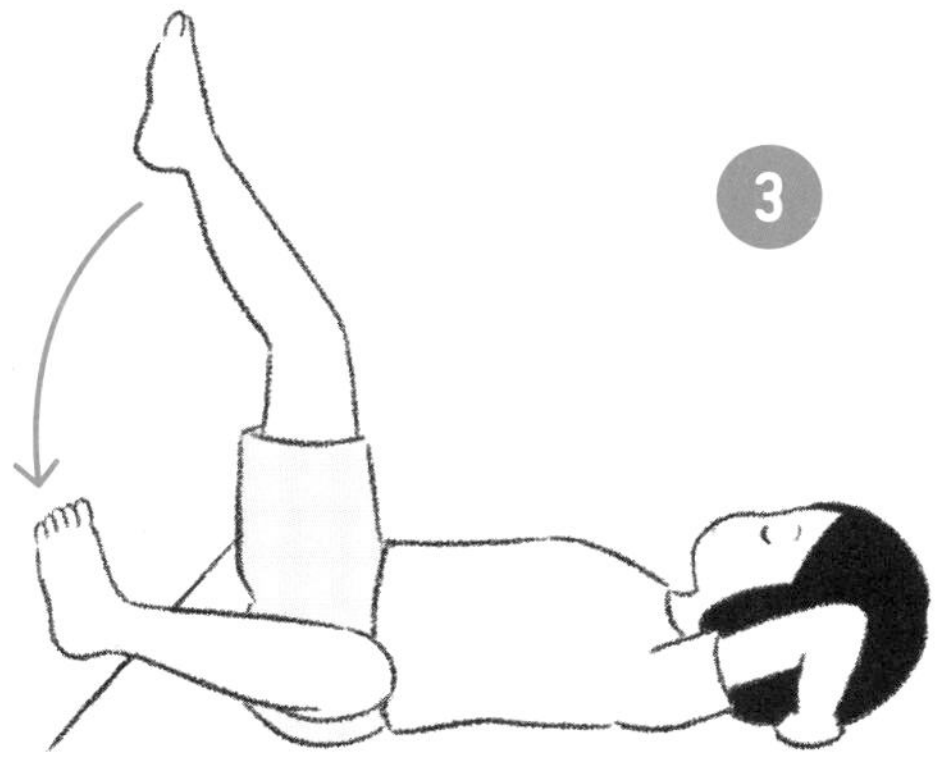

さらに左足をすべらせ、左ひざを床に近づけます。股関節が動くのを感じましょう。①〜③を2〜3回繰り返します。反対側も同様に

日々のデスクワークや運動不足により、腰周りの筋肉はかたくなりがちです。壁に脚を預けながらなめらかに動かすことで、それらの筋肉をやわらかくします。さらに脚を上げることでむくみも改善。呼吸を止めずにリラックスして行いましょう。

緊張した日に

視線チラチラ

1

息を吐きながらゆっくりあごを引き、目線を上に向けていきます。息を吸いながら元に戻しましょう。3〜5回行います

2

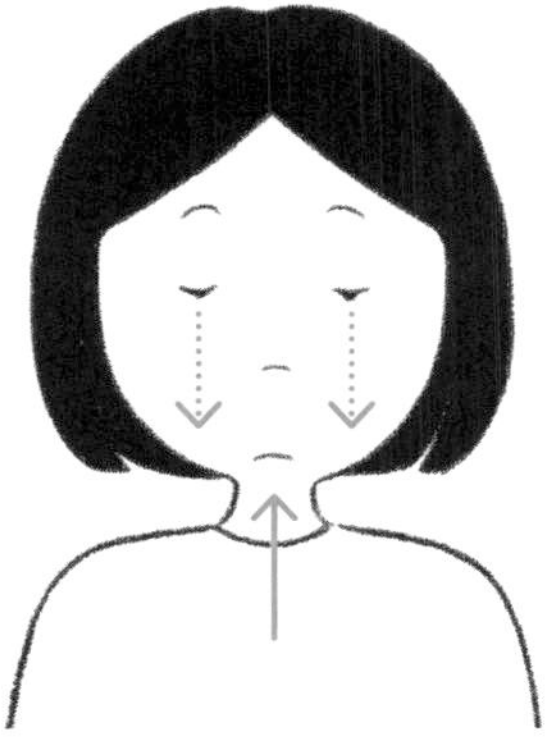

息を吐きながらゆっくりあごを上げ、目線を下に向けていきます。息を吸いながら元に戻しましょう。3〜5回行います

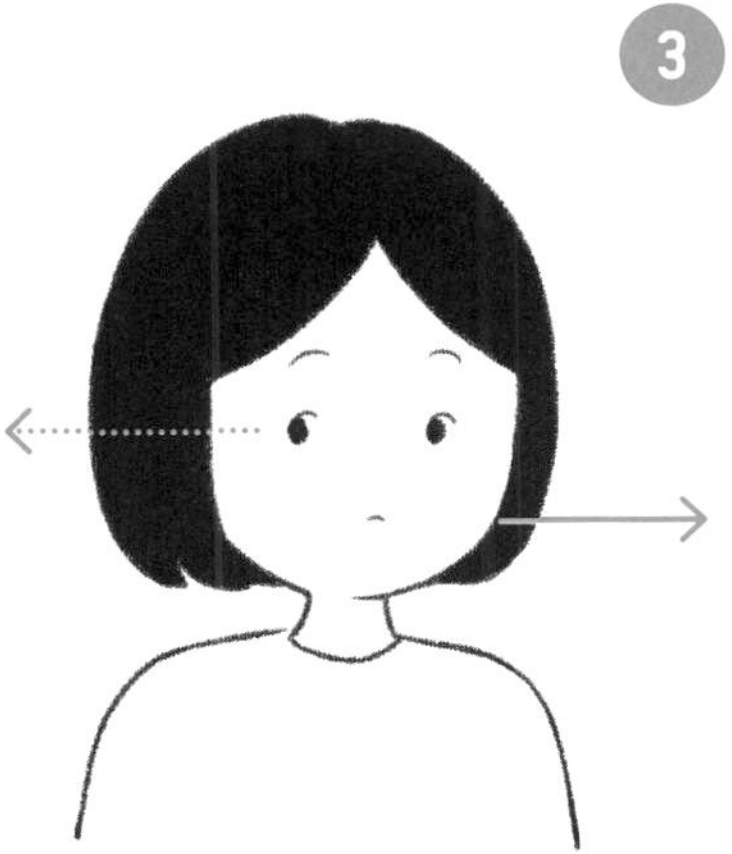

息を吐きながらゆっくり顔を左に向け、目線を右に向けていきます。息を吸いながら元に戻しましょう。3〜5回行います。反対側も同様に

緊張したり、考えすぎた日は、眼球周りの筋肉をギュッと縮めてしまいます。あごや首の方向とは反対に目を動かすこの動きは、縮こまった目の周りの筋肉をほぐす効果があります。血行がよくなって、目の疲れがすっきり軽くなり、こわばっていた表情もやわらぎます。

あっかんべー体操

1

顔をまっすぐ正面に
向けます

2

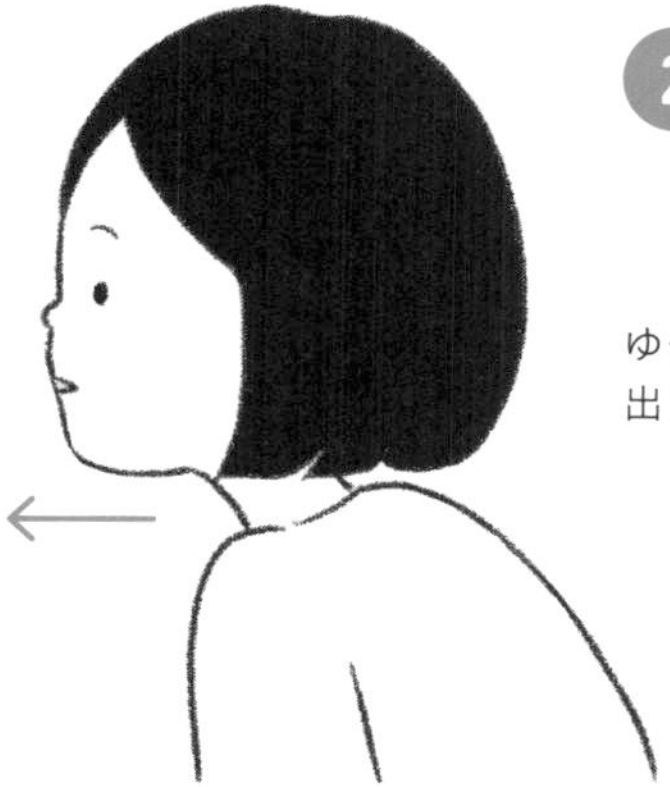

ゆっくりあごを前に
出します

3

小さく声を
出しながらやると
のどをふさがないよ

あごを①の位置に戻しながら舌を思いきり出して、息をゆっくり吐きましょう。
①〜③を3〜5回繰り返します

緊張して体が力んでしまうと、肩甲骨周りの筋肉がガチガチに固まってしまいます。舌と首の周りの筋肉はつながっているので、あごや舌を出す動きで、首や背中周りの筋肉をほぐしてあげましょう。自然とリラックスした状態に戻ります。

背骨トルネード

1

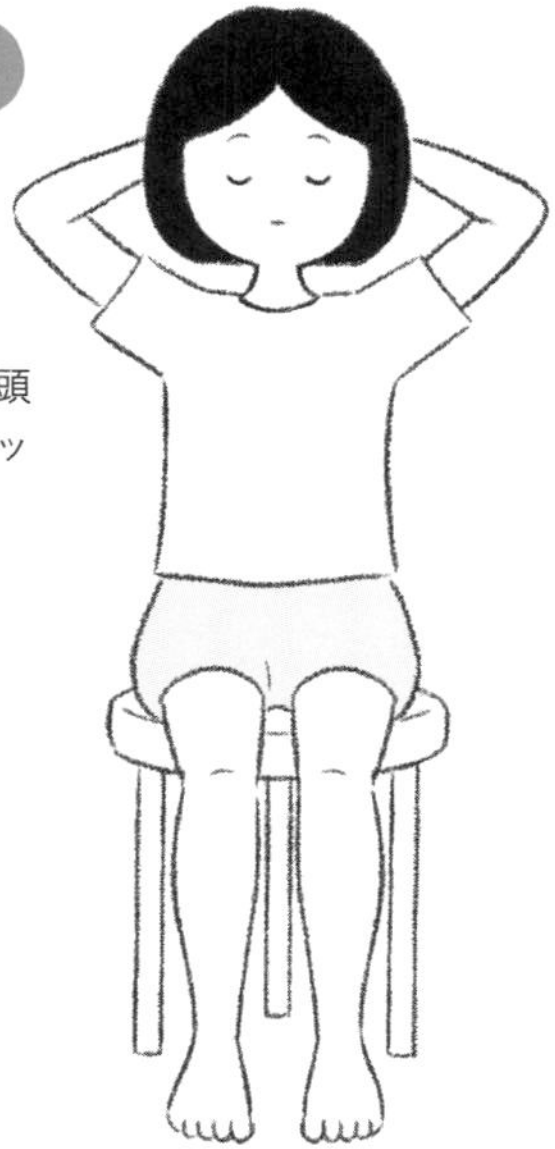

イスに座り、両手を頭の後ろに回し、リラックスしましょう

2

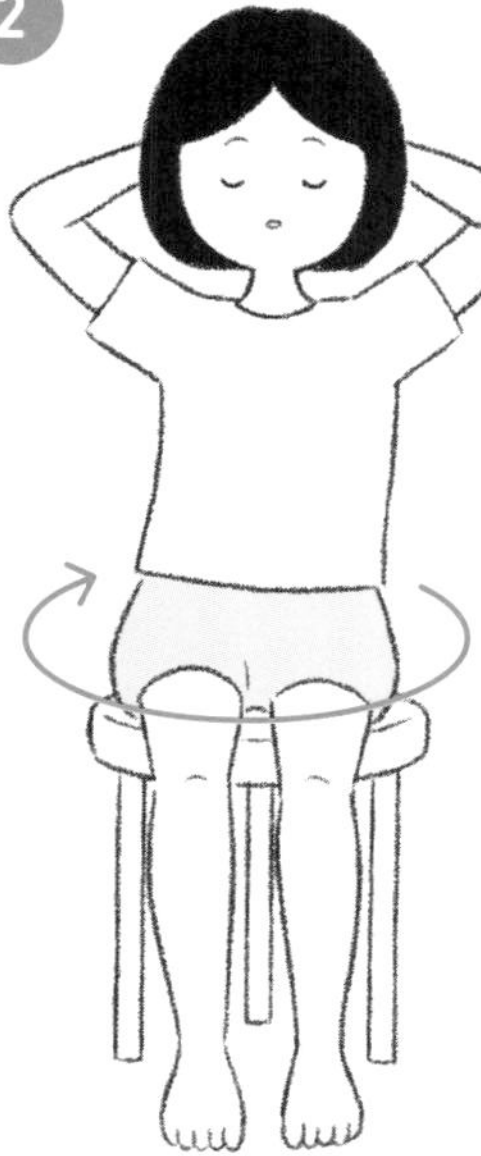

顔は正面に向けたまま、腰をゆっくり右に3周ほど回して円を描きましょう

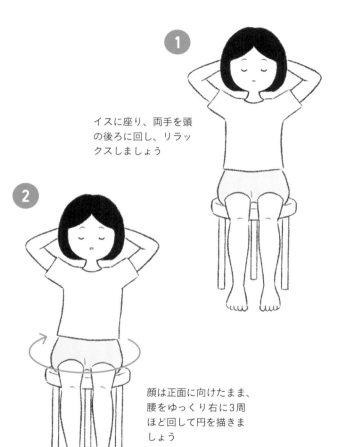

今度は、腰を回しながら、両ひじでも大きく3周ほど円を描きます。上半身から頭まで動いているのを感じましょう。反対側も同様に

腰〜上半身〜頭とつなげるように動かして、筋肉をほぐす運動です。緊張状態でいると、知らないうちに腰から背中、首にかけてこわばりが生じます。腰から上半身、頭を大きく動かすことで、しなやかさを取り戻しましょう。これにより、疲れもたまりにくくなります。

ねじり胸開き

1

両足を肩幅に開き、両腕をVの字に開いてバンザイをします

2

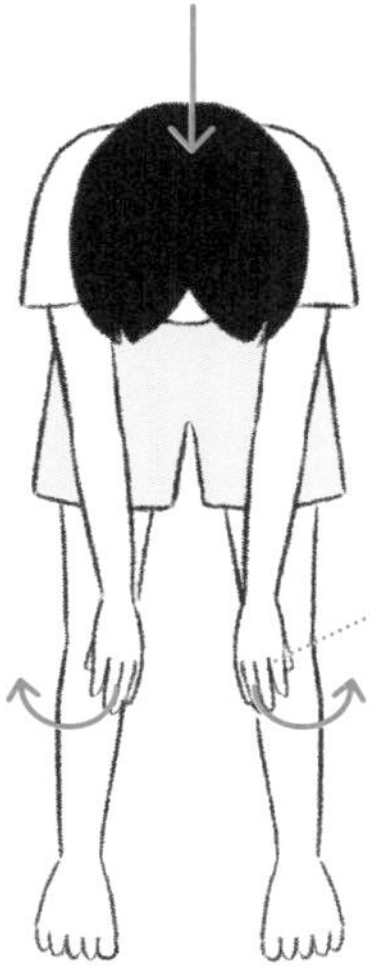

手のひらは外側に

息を吐きながら上半身を倒し、両手のひらが外側を向くように腕をねじります

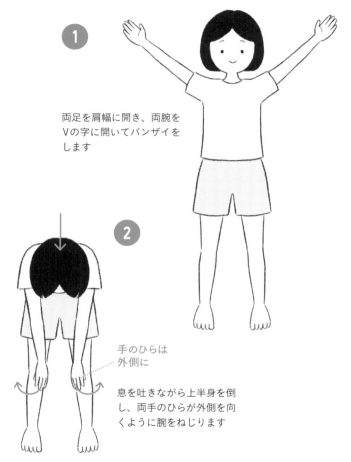

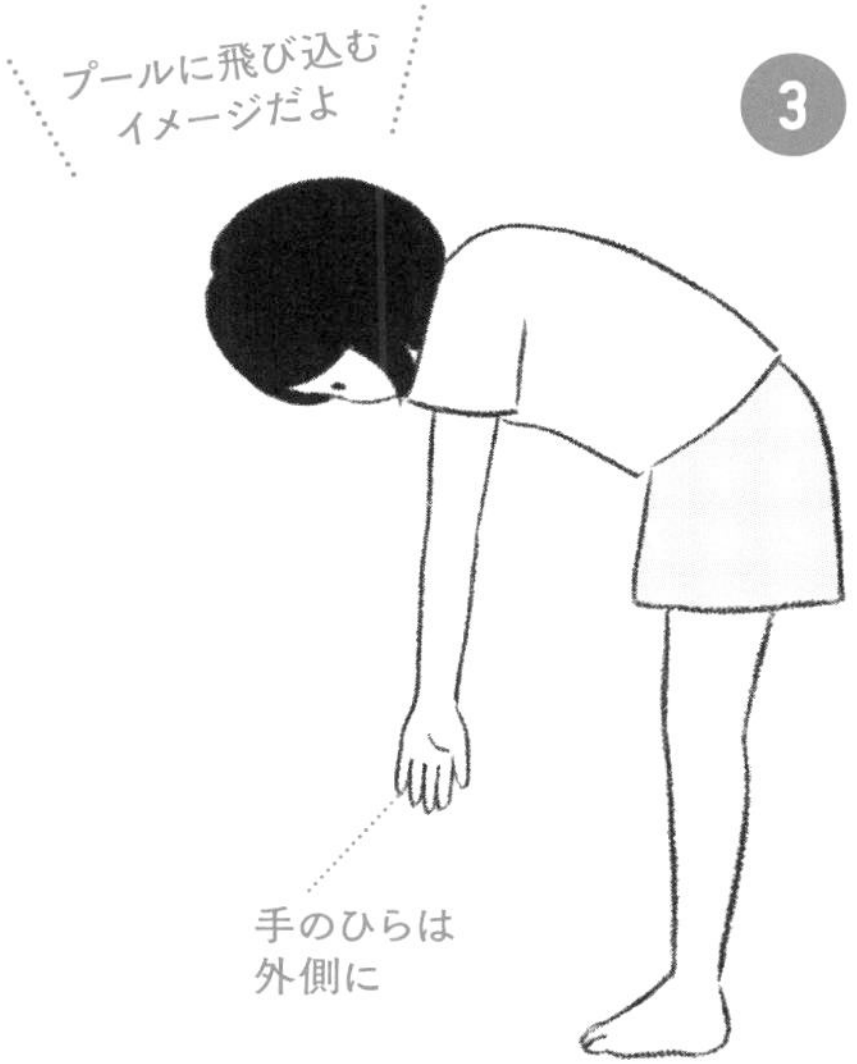
プールに飛び込む
イメージだよ
3
手のひらは
外側に

息を吐きながら①の姿勢に戻りましょう。
①〜③を2〜3回繰り返します

緊張すると肩に力が入りがち。また、デスクワークが多い人は、肩が前に入り、猫背になる人も多いです。バンザイのポーズで胸を開くことで、これらを解消しましょう。腕をねじりながら前屈する動きで、肩周りの血行がよくなり、肩こりも改善できます。

背中丸め&反らし

1

左手と左ひざを少し前に出して、
よつんばいになります

2

息を吐きながら背中を丸め、目線
を左斜め下に向けましょう

3

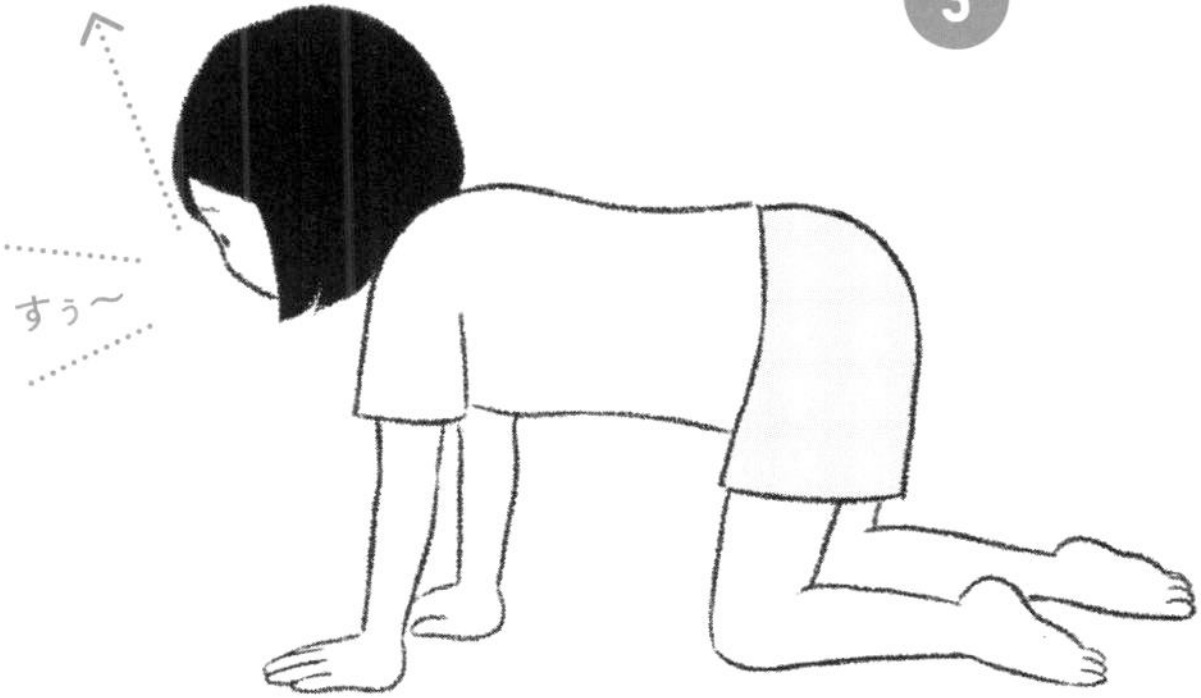

息を吸いながら背中を反らし、目線は右斜め上に向けましょう。反対側も同様に

背中を丸める＆反らすストレッチで、緊張でかたくなった背中をほぐしましょう。目線を意識することで、よりダイナミックな動きになります。片方の手と脚の位置を少しずらすのがポイント。通常のよつんばいで行うよりも広範囲の筋肉を刺激できます。

背骨ゆらし

1

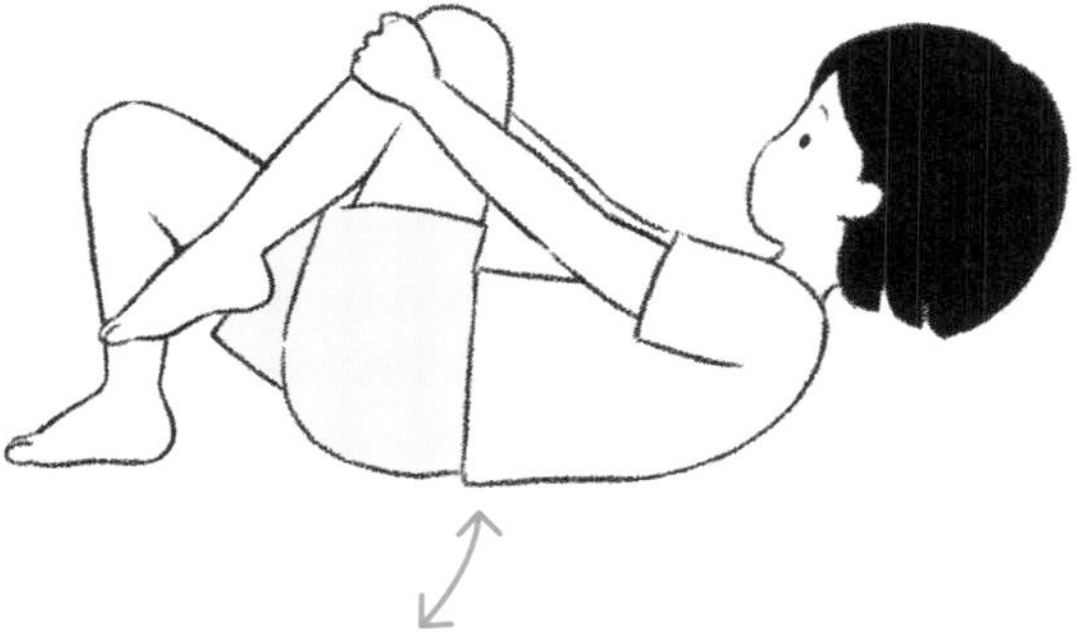

あおむけになり、両手で左ひざを抱え、
左右に3〜5回ゴロゴロ転がります

2

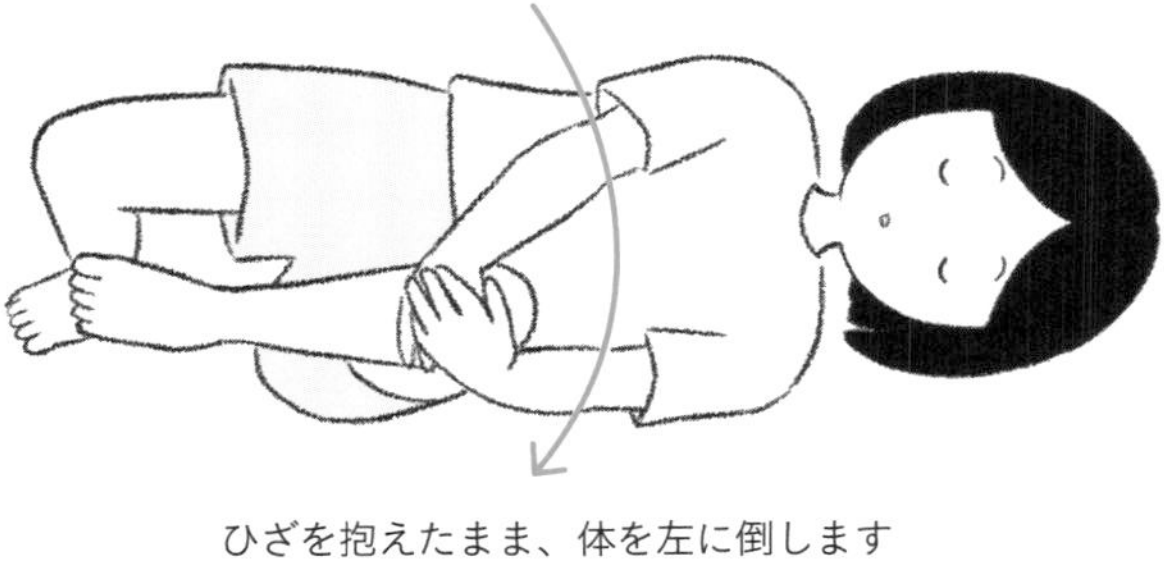

ひざを抱えたまま、体を左に倒します

3

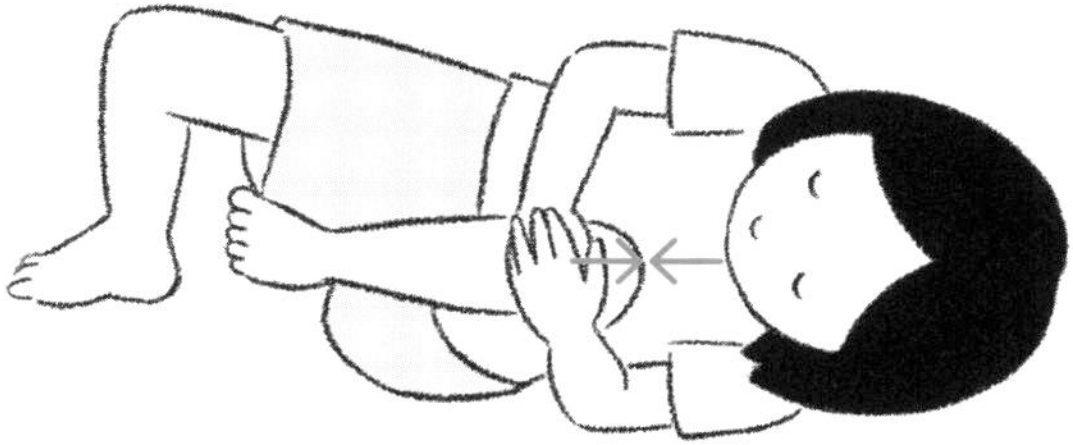

ひざとおでこをできるだけ近づけたら、
3〜5回呼吸をします。反対側も同様に

床に転がり、ガチガチになった背中をほぐしましょう。背中周りがほぐれると空気を多く取り込めるようになるので、次第に呼吸が深くなります。さらに緊張をゆるめる神経が高まって血流がよくなり、背中のこりも緩和されます。

バナナツイスト

1

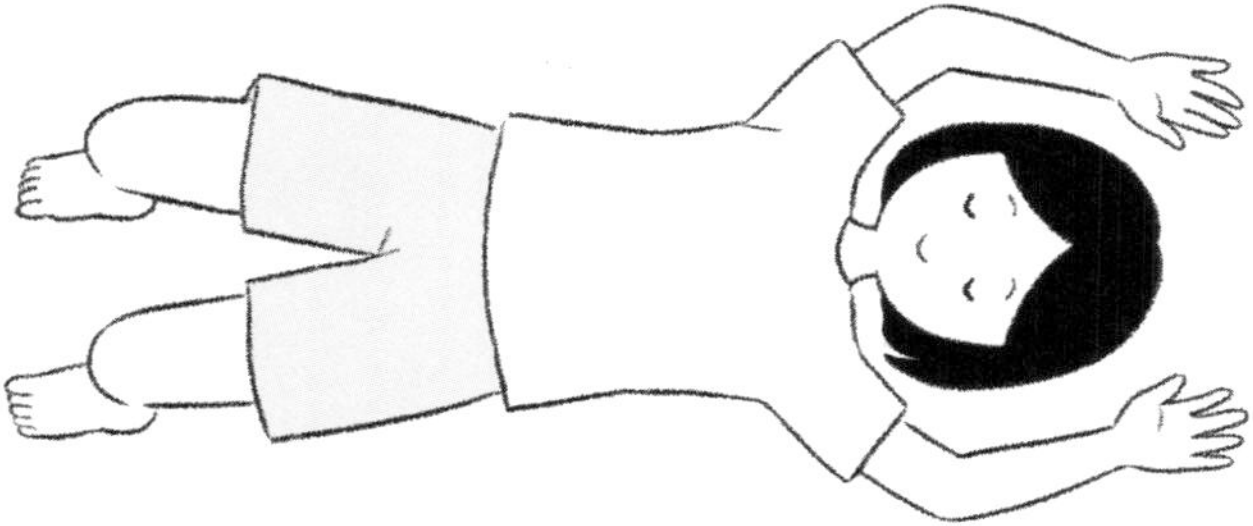

あおむけに寝て両ひざを立て、両手を上げてバンザイをします

2

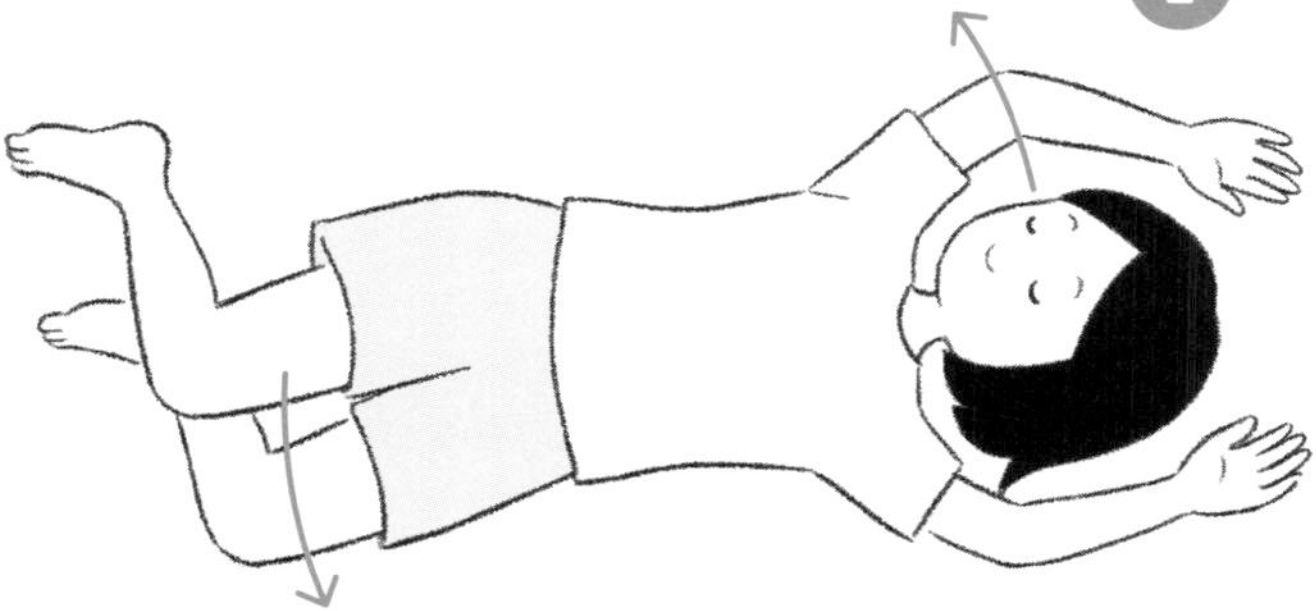

顔を右に向け、ひざを左に倒しましょう。3〜5回呼吸をします

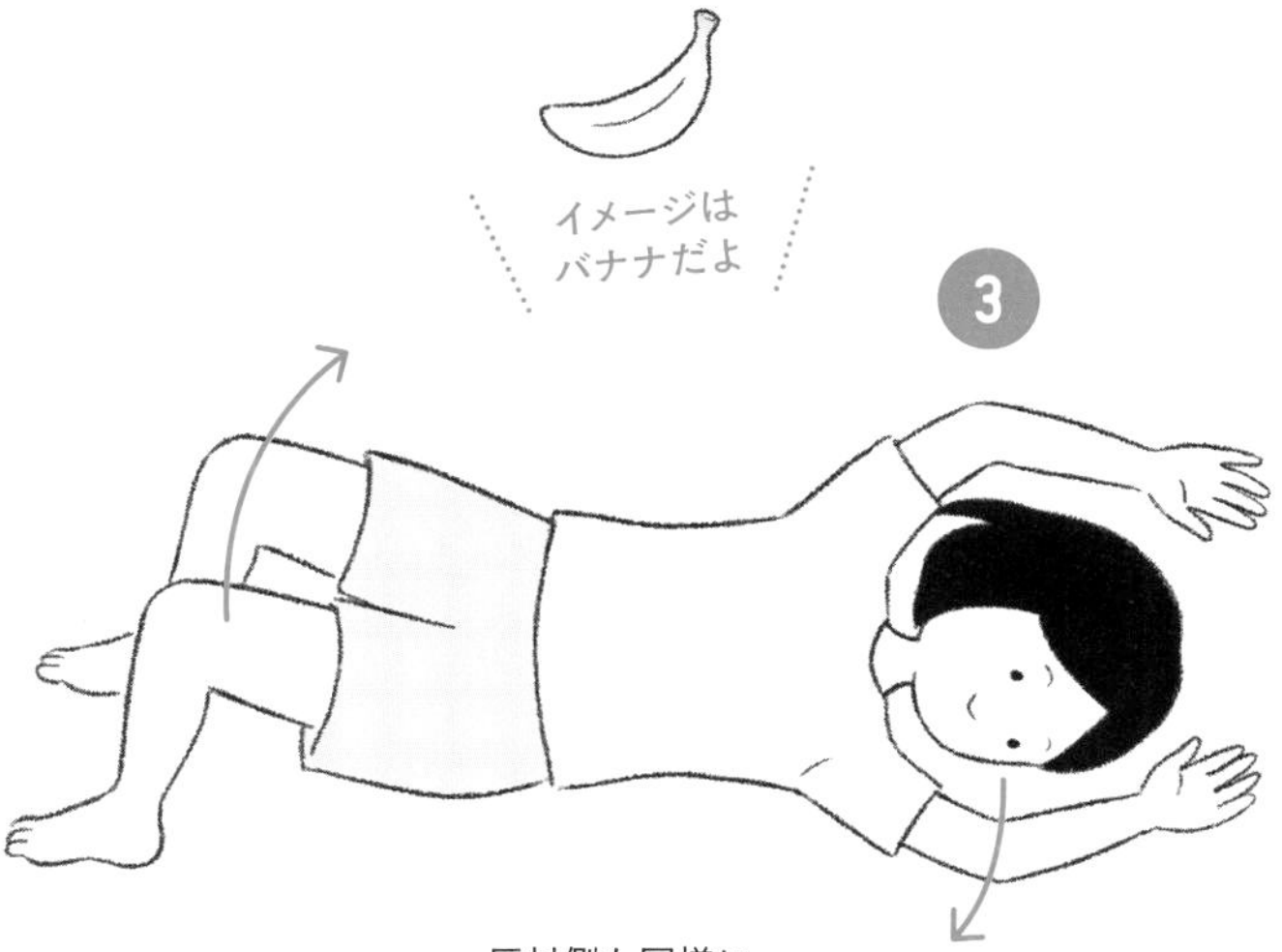

反対側も同様に

下半身と上半身を逆にひねることで、体が伸び、緊張でガチガチに固まっていた背中がやわらかくなります。それにより全身がほぐれ、浅かった呼吸も楽になり、リラックスできるように。寝る前に行うことで、寝つきをよくする効果も期待できます。

イライラした日に

片鼻呼吸

1
鼻の奥の方をふくらませる
イメージで空気を吸うよ

手で片方の鼻の穴をふさいでゆっくり鼻呼吸をします。5秒かけて息を吸い、10秒かけて息を吐きます

2

反対側も同様に行います

①と②の動きを思い出しながら、指で鼻を押さえずに空気を両鼻に送り込みます。5秒かけて息を吸い、10秒かけて息を吐きましょう

最初は片鼻ずつ呼吸をし、空気の通り道を意識しましょう。また、吸うときの2倍かけて息を吐くのがポイント。イライラしていると呼吸が浅くなりがちですが、息をしっかり吐ききることで、自然と深い呼吸に切り替わり、次第に気持ちが落ち着いていきます。

腕だらんだらん

1

イスに座り、右手を右ひざに置きましょう。体を左に傾け、左腕の力を抜き、だらーんとさせます

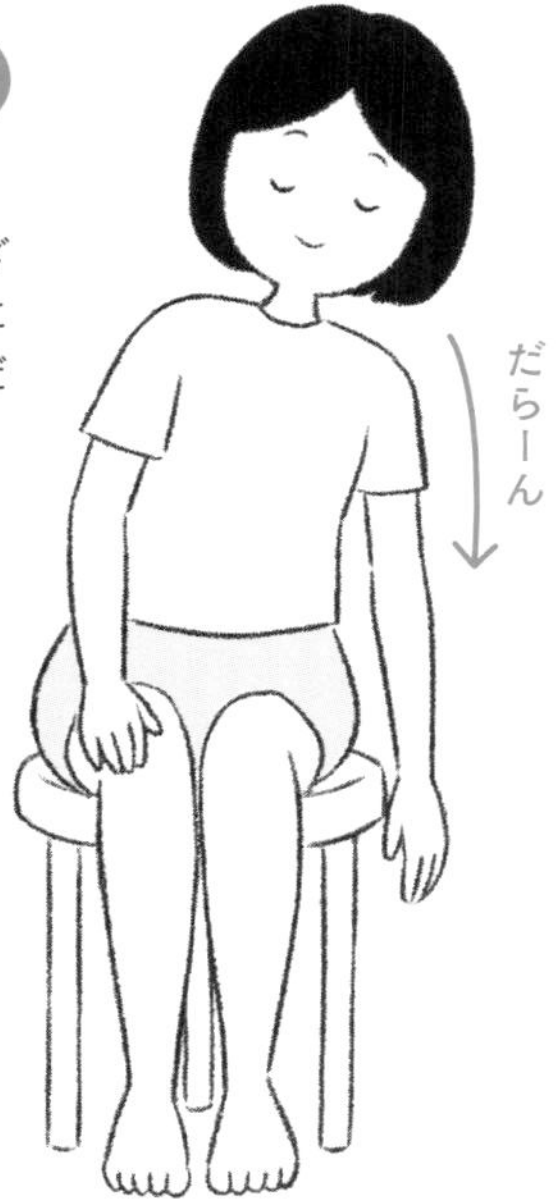

2

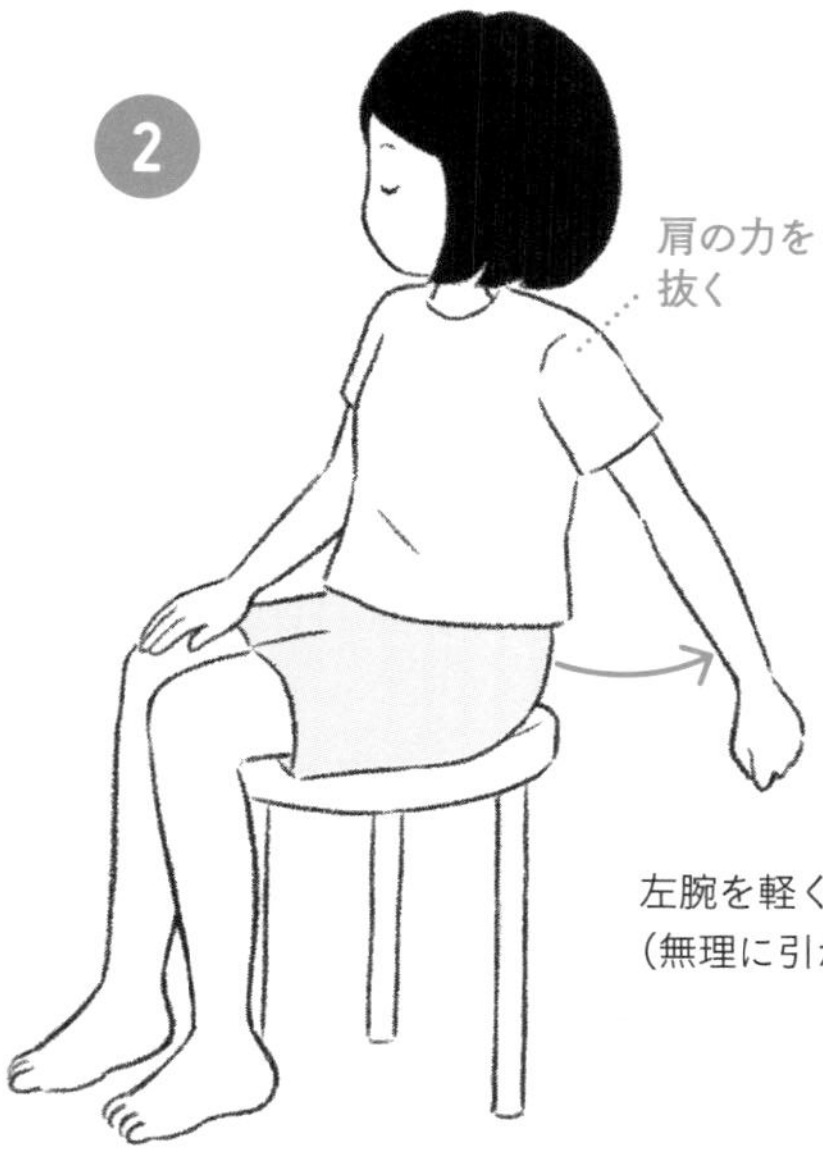

左腕を軽く後ろに引きます
（無理に引かなくてOK）

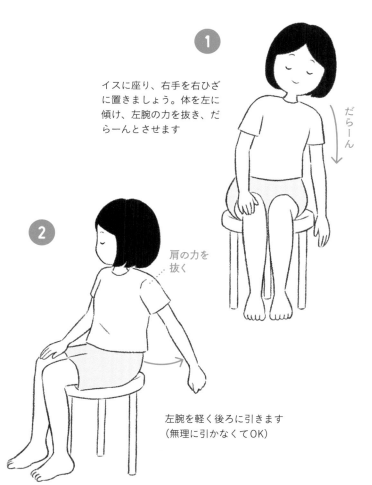

3

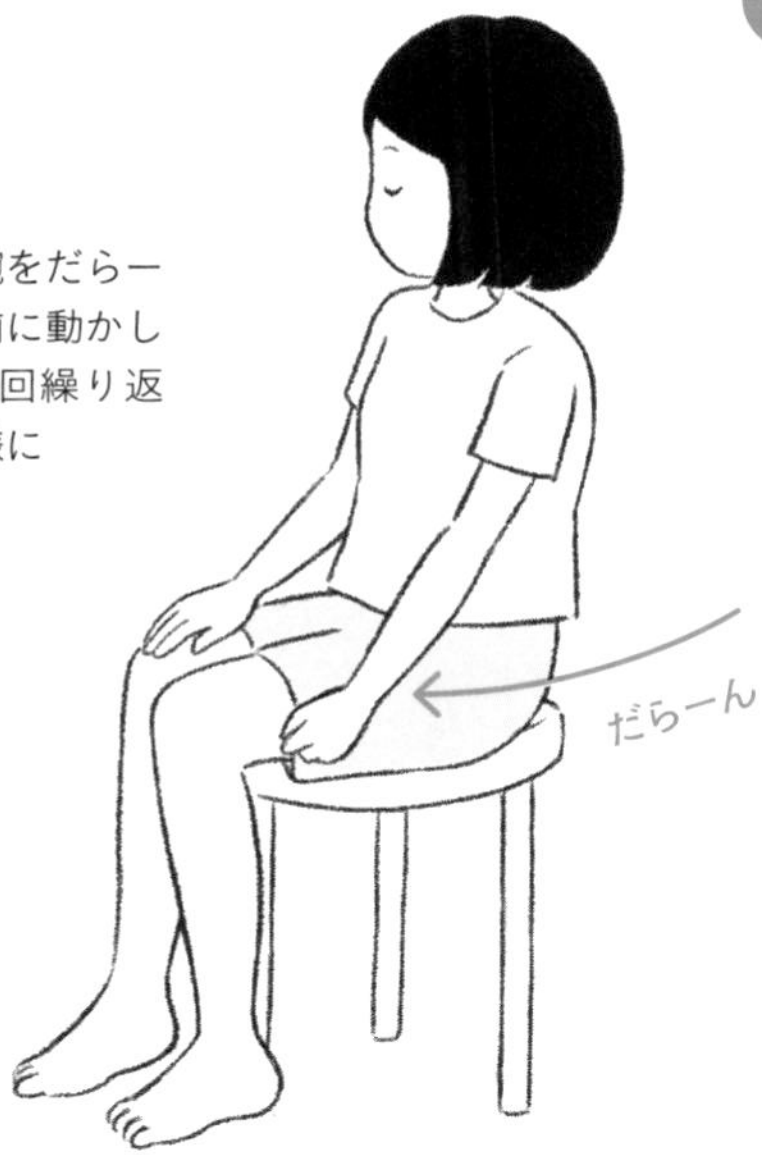

重力にまかせて、左腕をだらーんと振り子のように前に動かします。②〜③を3〜5回繰り返します。反対側も同様に

この動きは、無理に力を入れないことが大切です。イライラした日は肩に力が入って血流が滞りがちですが、重力にまかせて腕をだらーんと動かすと、余計な力が抜け、血のめぐりが改善。次第に肩周りの筋肉がゆるんで、気持ちまでほぐれます。

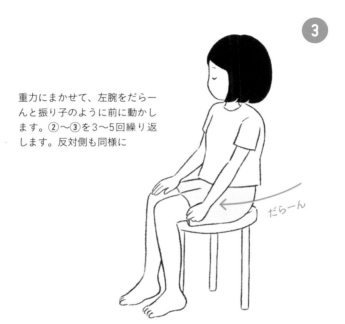

はにわダンス

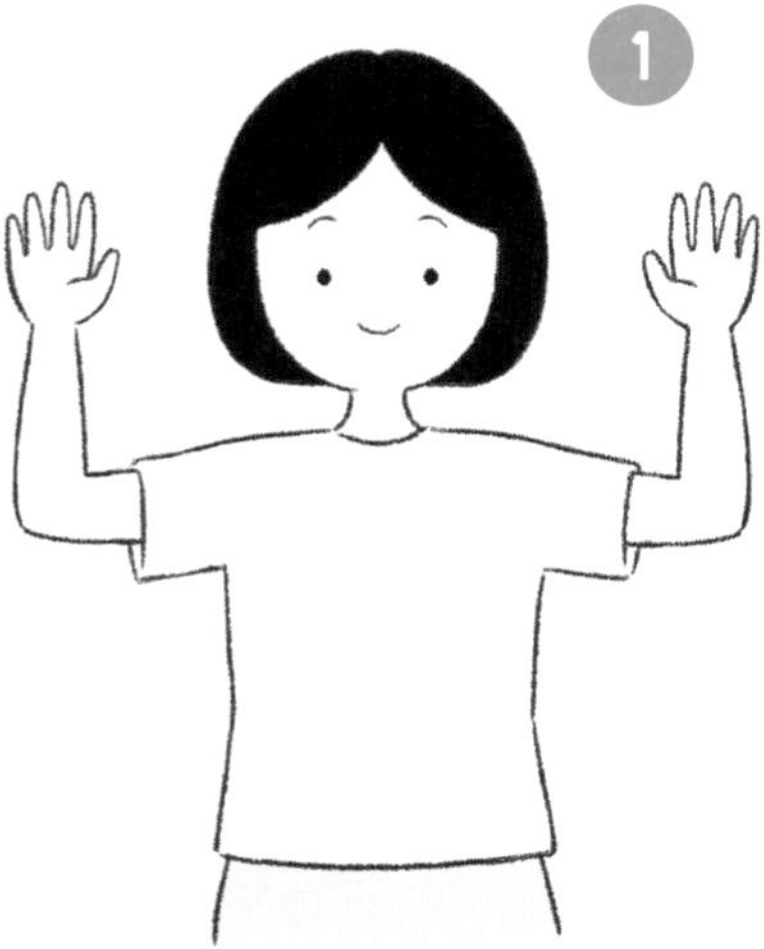

両手を上げ、ひじを90
度に曲げます

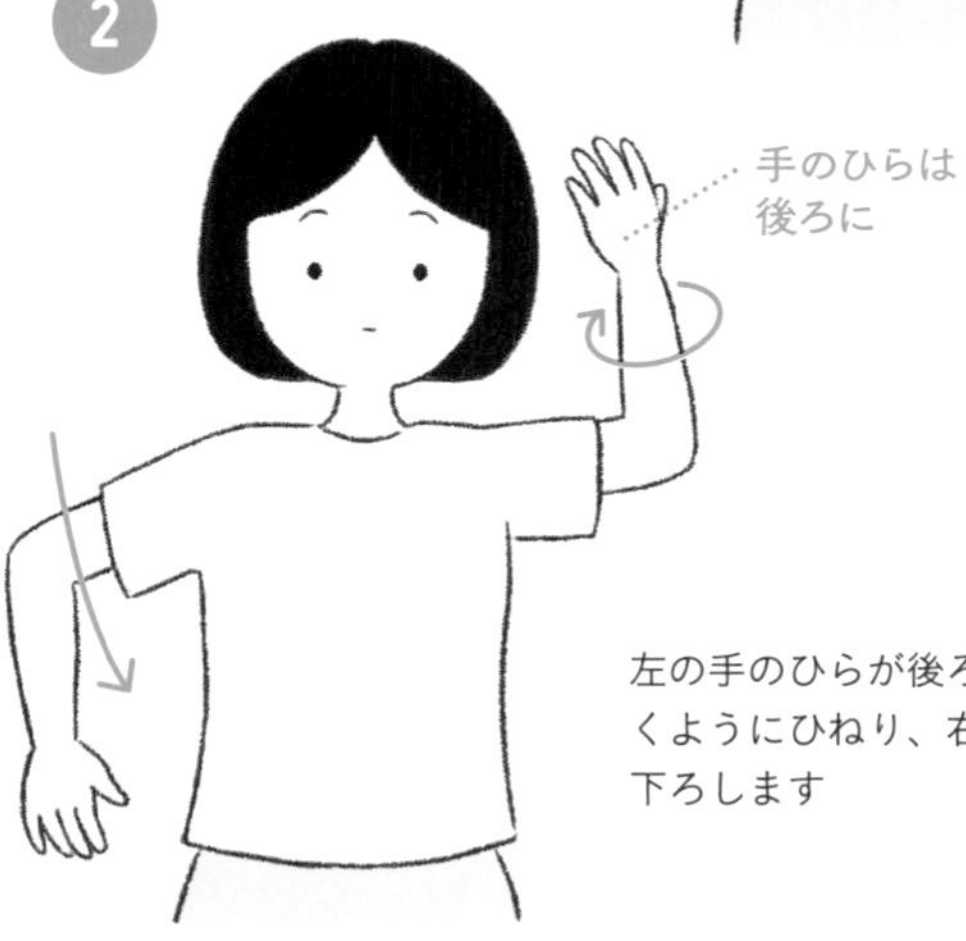

左の手のひらが後ろに向
くようにひねり、右手は
下ろします

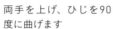

②とは逆に、手のひらが後ろに向くように右手を上げ、左手は下ろします。②〜③を10回繰り返しましょう。腕だけでなく、肩や胸も一緒に動かします

はにわのようなポーズで腕を互い違いにゆっくりリズミカルに動かしましょう。腕をひねりながら動かすことで、肩周りの筋肉がほぐれていき、肩の疲れがとれます。肩周りの筋肉は顔の筋肉ともつながっているため、イライラでこわばっていた表情もやわらかくなります。

わきはさみ呼吸

1

あぐらをかいて座り、右手を左わきの下に入れ、息を吸いながら左肩を上げます。上半身の左側が伸びているのを感じましょう

2

左肩の位置を変えないようにして、息を吐きます

息を吐ききったら、左肩をゆっくり下ろしましょう。①〜③を2〜3回繰り返します。反対側も同様に

ストレスがたまると、肩やおなかの筋肉が緊張し、かたくなってしまいます。リラックスできるあぐらの姿勢で、わきに手を入れ、肩を上げて呼吸をすると、上半身が伸びて深い呼吸に。おなかが伸びて、肩の緊張もほぐれ、気持ちも落ち着きます。

上半身倒し

1

イスに座り、両手を頭の後ろに回しましょう

2

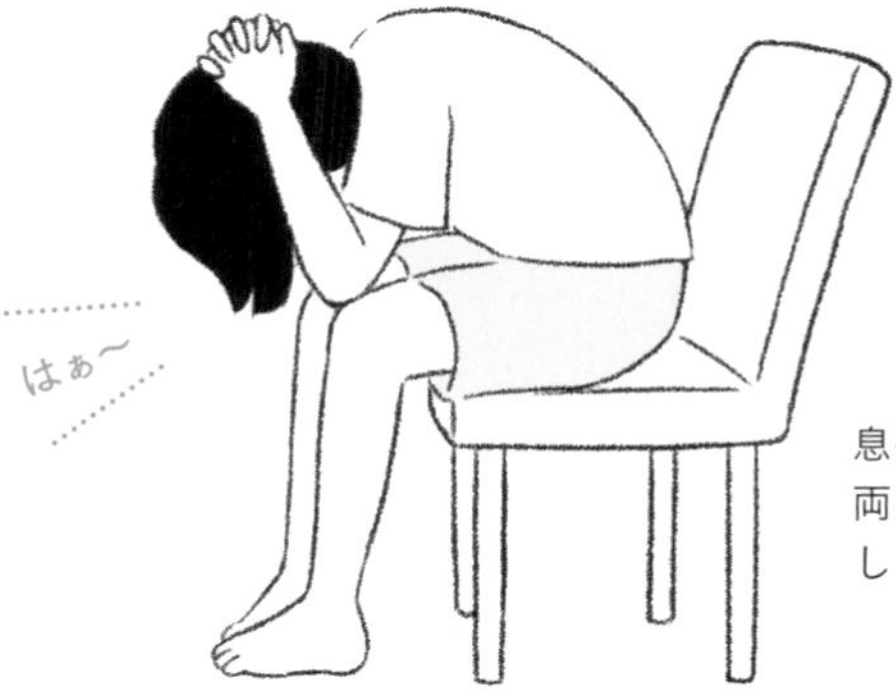

息を吐きながら体を丸め、両ひじをももに近づけましょう

3

息を吸いながら、①の姿勢に戻ります。今度は息を吐きながら体を背もたれに預け、胸を開きましょう

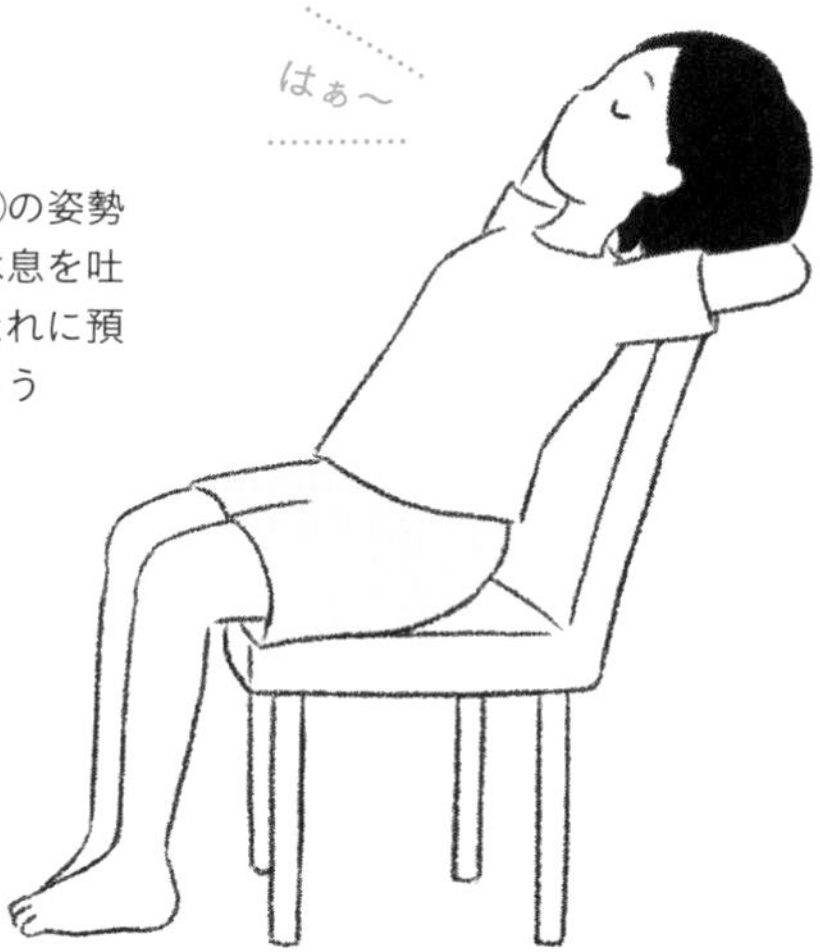

イライラすると気持ちを高揚させる神経が高まり、呼吸が浅くなります。体を前後に倒す動きで胸周りの筋肉をほぐすと、深い呼吸に切り替わり、心を落ち着かせる神経が働くように。気分をクールダウンしたいときにおすすめです。

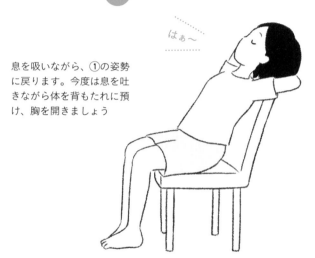

もも裏伸ばし

1

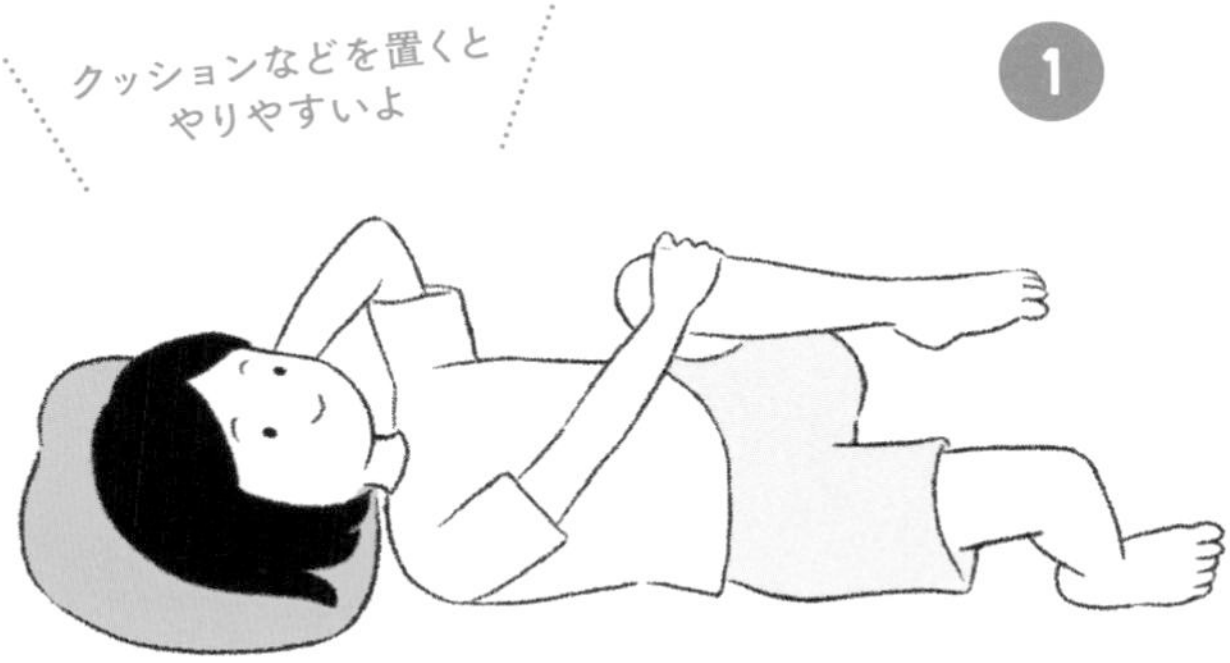

あおむけになり、左手を頭の後ろに置き、右手で左ひざをつかみましょう

2

頭を少し持ち上げ、左ひじを左ひざに近づけます。その姿勢で3〜5回呼吸をします

3

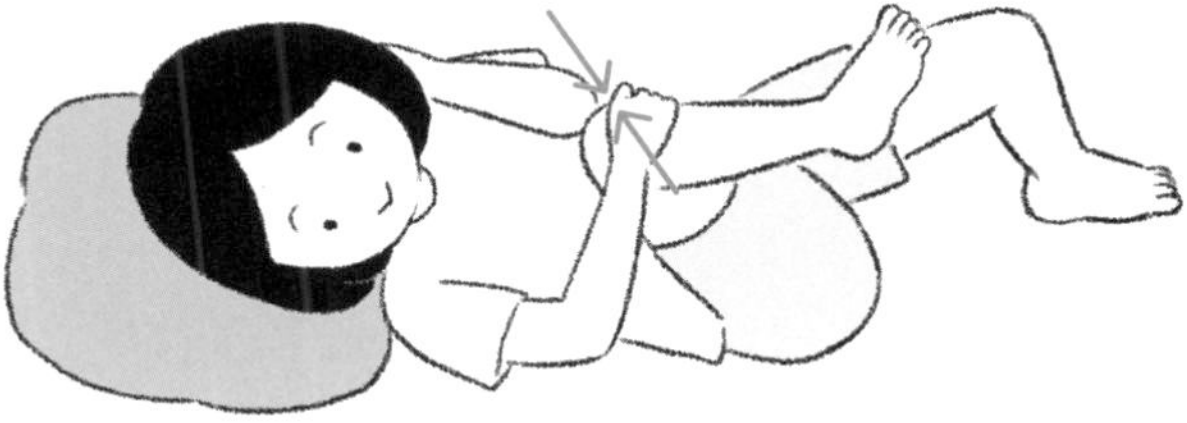

今度は、右手で右ひざをつかみ、息を吐きながら左ひじと右ひざを近づけます。その姿勢で3〜5回呼吸をします。左右の手を入れ替えて反対側も同様に

ひざとひじを近づけて上半身と下半身をスムーズに動かすと、腰周りのゆがみが改善します。さらに、血のめぐりがよくなり、心を落ち着かせる神経が高まります。この動きは、イライラした日のほか、生理痛がある日にもおすすめです。

顔ほぐし

1

手のひらで頬をやさしくなでましょう

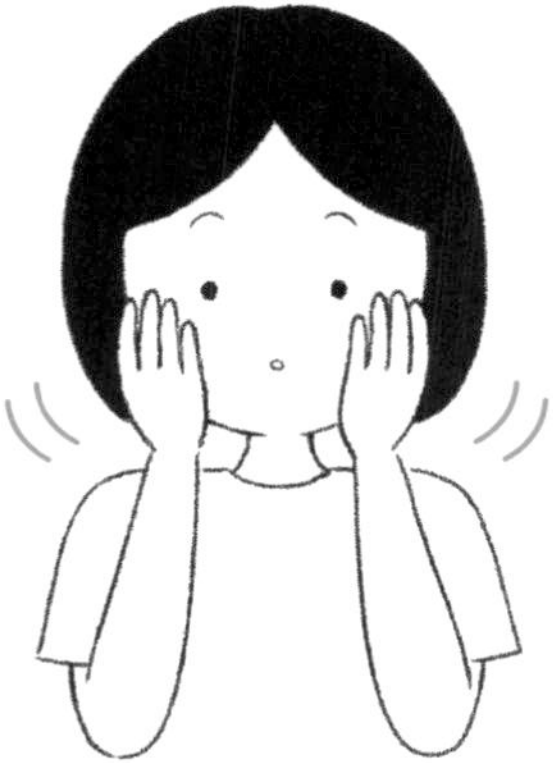

2

口を閉じたままにっこり笑ってから、唇を前にとがらせます。これを3〜5回繰り返します

口を大きく開けてから、あごをゆっくり前にスライドさせ、5秒ほどしたらゆっくり戻します

落ち込んで笑顔になれない日は顔もこわばり、表情をつくる筋肉（表情筋）がこり固まってしまいます。手で頬をなで、口周りを動かして筋肉をゆるめましょう。顔全体の筋肉がほぐれてくると、下がった口角が上がりやすくなり、気持ちまで明るくなります。

耳ぐるぐる

右手は右耳の上の方を、左手は左の耳たぶを軽くつまみます。頭を左に傾けて、自転車のペダルをこぐように半周差をつけて両耳を回します。腕から大きく回し、上半身が動いているのを感じましょう。前回し、後ろ回しを各3〜5回行います

持ち方を逆にし、反対側も同様に。前回し、後ろ回しを各3〜5回行います

3

耳の中央を持ち、軽く引っぱりながら耳を
回します(半周差をつけなくてOK)。前回し、
後ろ回しを各3〜5回行います

耳は、気持ちを前向きにする神経とつながっているため、
ここを刺激することで、やる気がわいてきます。また、
耳は頭に近いので、耳を回すと脳の働きが活性化。頭の
中がすっきりクリアになります。腕を動かすことで肩周
りもほぐれます。

ゆったり肩回し

1

両肩を両腕で抱き、息を吐きながらゆっくり顔を上に向け、腕を下げます

2

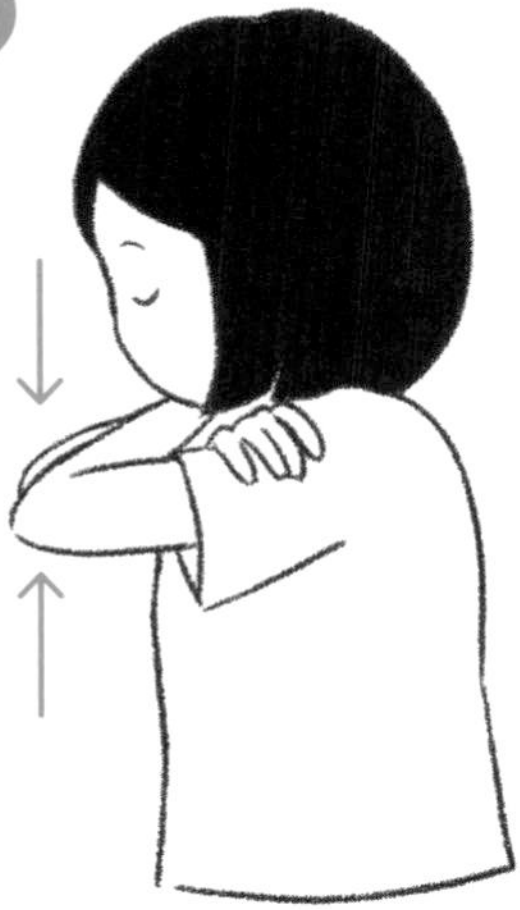

①とは逆に、息を吐きながら、ゆっくり腕を上げ、顔を下に向けます

顔と腕を正面に戻し、肩を抱いたまま、顔が左のときに体は右に、顔が右のときに体は左に向くよう、左右にゆっくり3〜5回動かします

肩を抱くと守られているような安心感が得られるので、気持ちを安定させたいときにおすすめの動きです。顔と腕をそれぞれ逆に動かすことで、縮こまっていた上半身が伸び、胸が開きやすくなり、自然と気持ちが前向きになります。

片腕ぐるぐる回し

1

イスに座り、右手で右の鎖骨を触ります。左手は左ひざの上に置きましょう

2

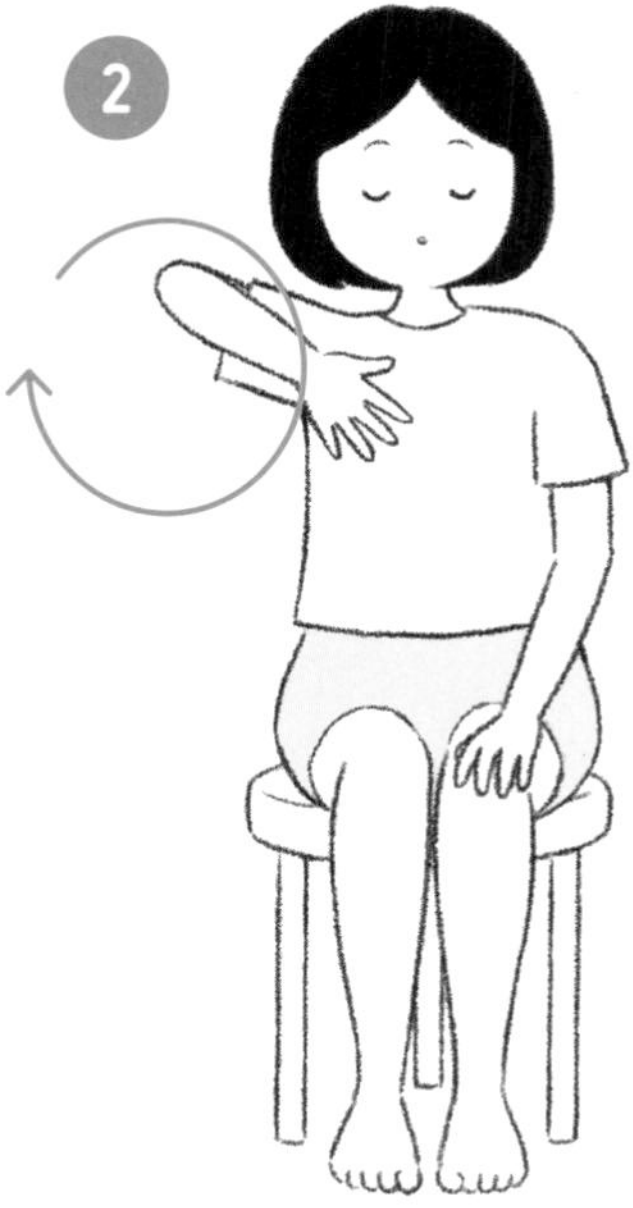

右ひじの先で大きな円を描きましょう。胸や背中が動いているのを感じましょう

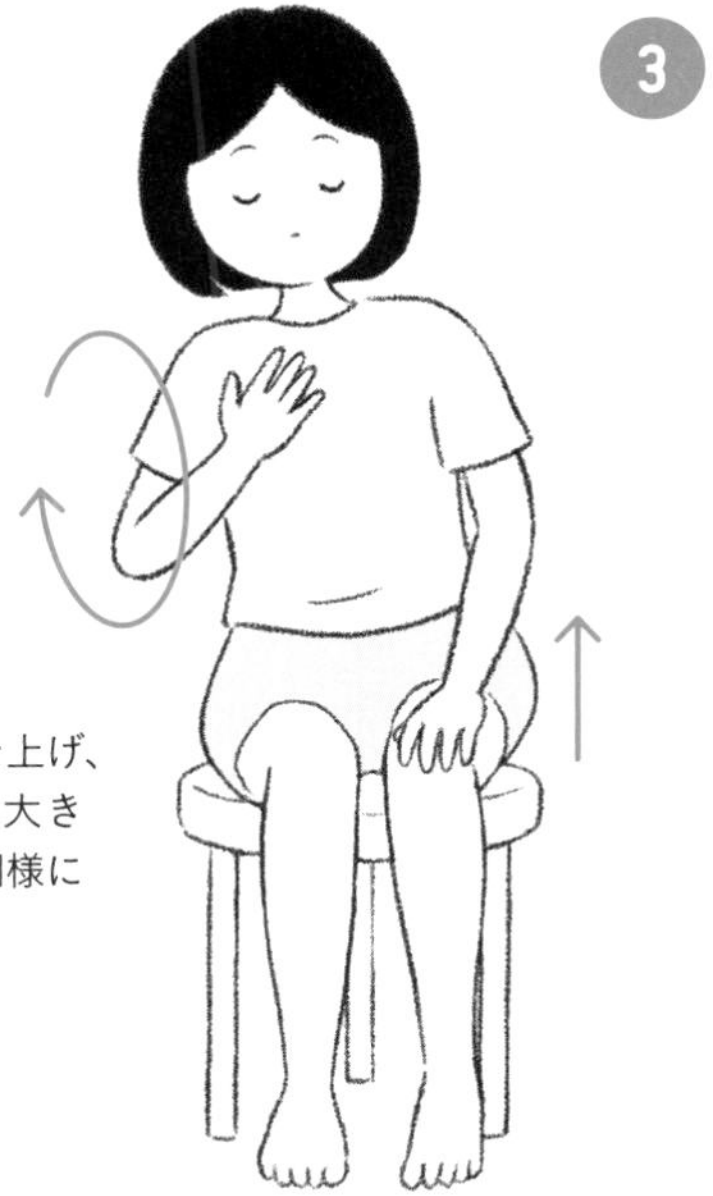

その流れで左側のお尻を上げ、さらに3〜5回ひじ先を大きく回します。反対側も同様に

気分が落ち込むと肩が落ち、体がギュッと縮こまります。腕を大きく回しながら次第にお尻を上げていくダイナミックな動きで、上半身をなめらかに動かしましょう。体が伸び、胸も開いて、落ちていた肩が上がり、気持ちも軽くなります。

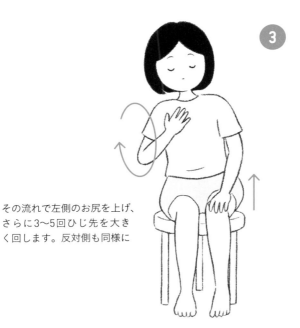

足指ねじり

1

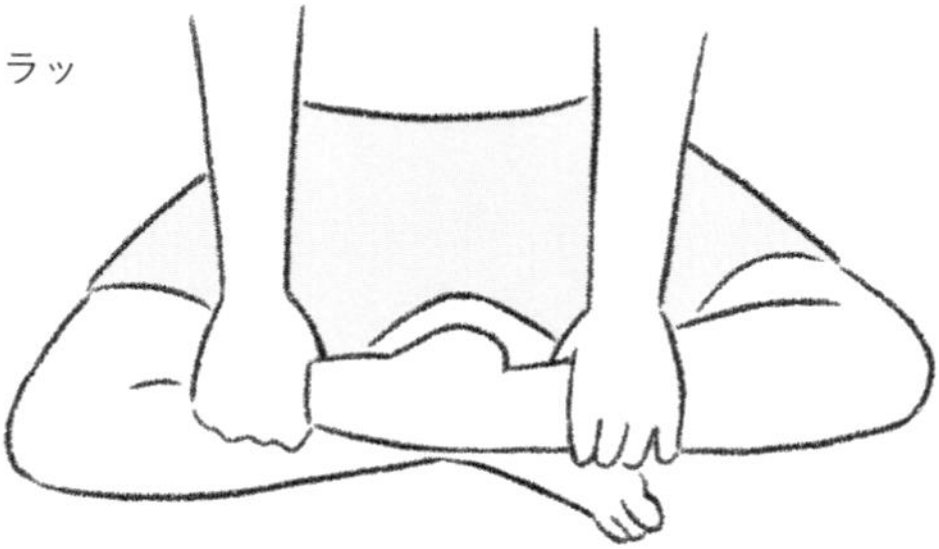

あぐらをかいてリラックスします

2

左足の親指を右手でにぎり、ワインのコルクを抜くようにやさしくねじりながらゆっくり親指を抜き、今度はゆっくりねじりながら戻しましょう

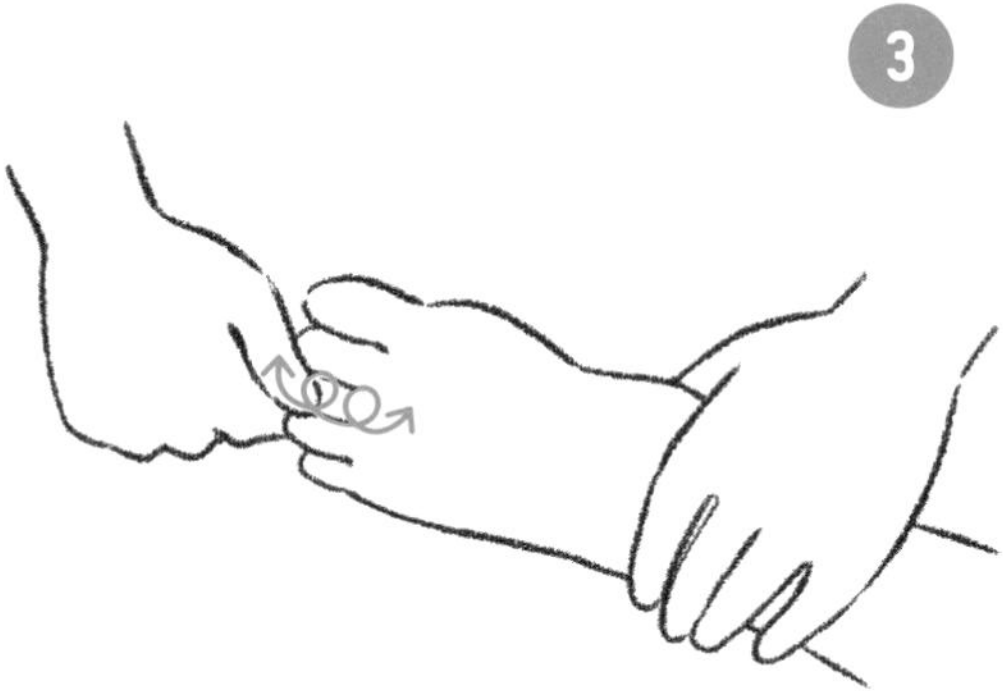

ほかの指も同様に行います。反対の
足に替えて同様に

足の指先にはやる気を出す神経が通っていて、指をにぎってひねる動きで刺激を与えることで、次第に気持ちが明るくなります。また足裏がほぐれるので、冷えによるむくみや重だるさの解消にも。ヒールが高い靴を履いた日は念入りに行ってみて。

寝転がり脚上げ

1

クッションなどを置くと
やりやすいよ

体の右側を下にして横向きに寝転がり、右ひざを軽く曲げ、左ひざを自然に伸ばしましょう。左腕は頭の後ろに回します

2

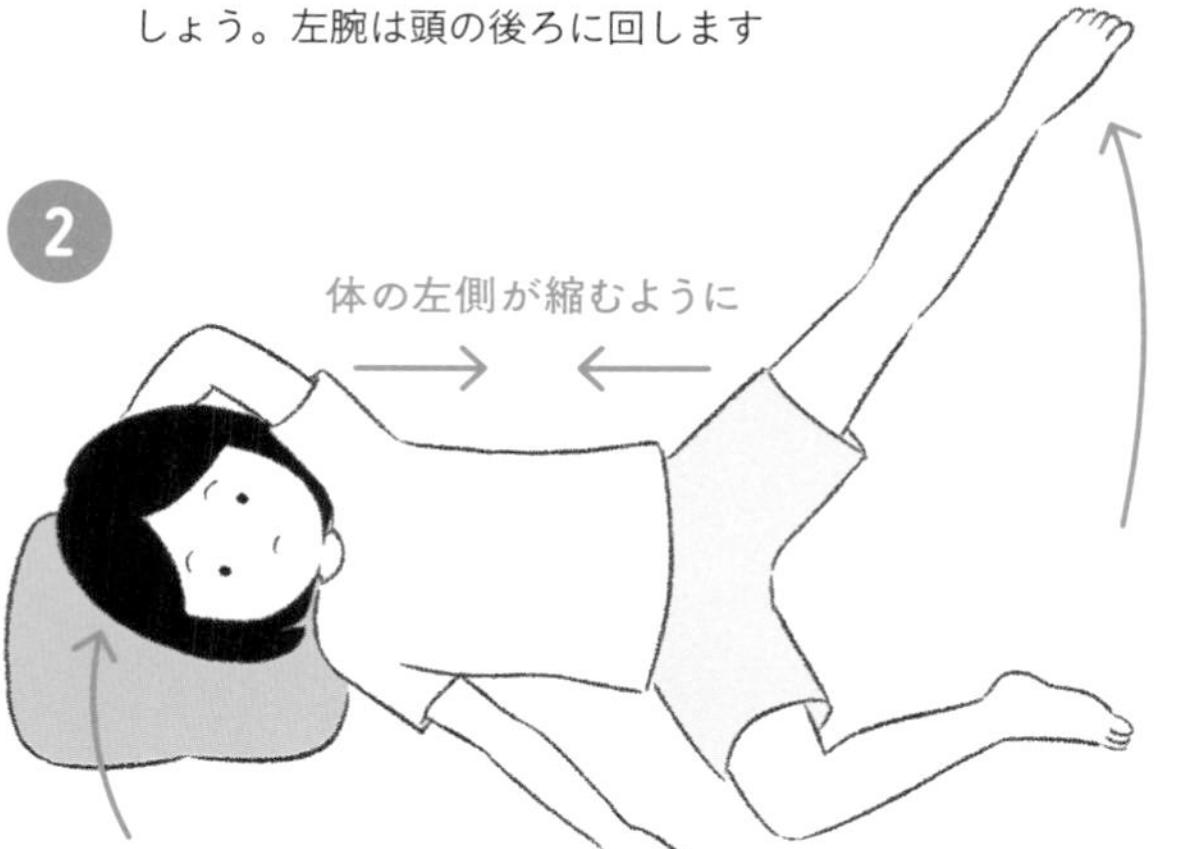
体の左側が縮むように

頭を持ち上げると同時に、左脚を天井に向けて持ち上げます

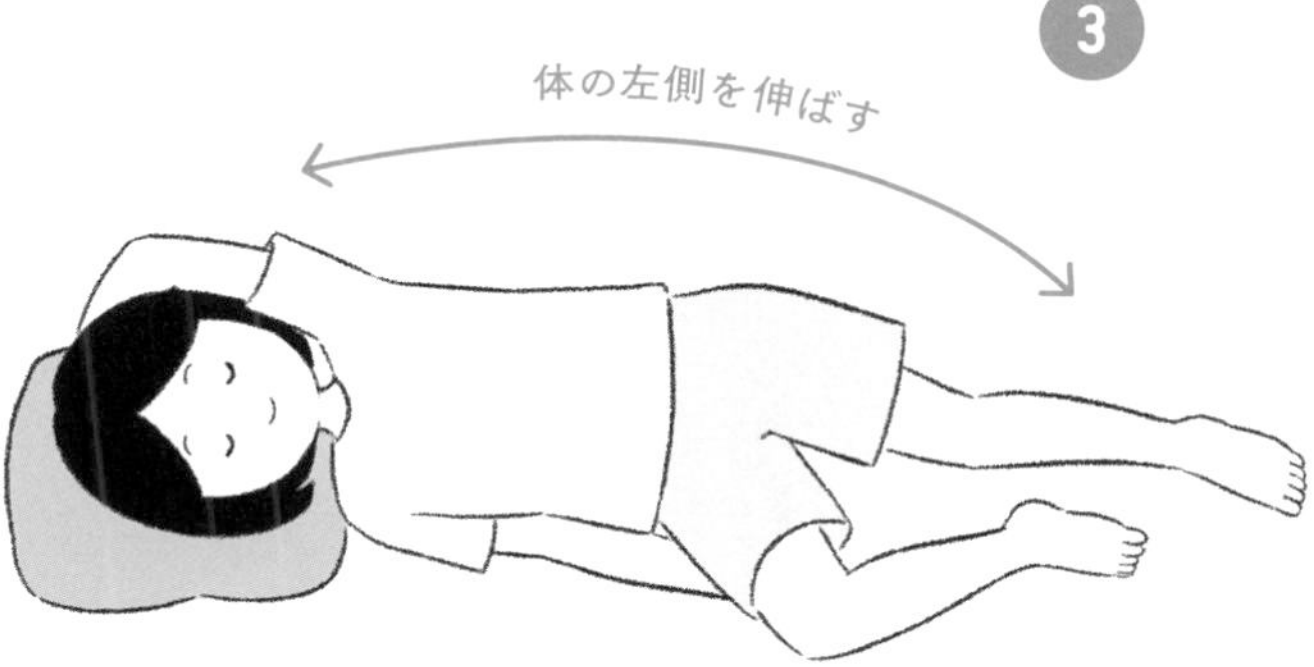

頭と脚を遠ざけるイメージで脚を下ろし、
体の左側が伸びているのを感じましょう。
反対側も同様に

落ち込むと、肩が落ちて姿勢が崩れやすくなります。寝転がりながらわき腹と脚を伸ばすこの動きで、体の側面を伸ばしましょう。姿勢もよくなるので、たくさんの空気が取り込めるように。呼吸が整い、心も次第にリラックスできます。

30個の「もうやめよう」

□白黒つけるのをやめる
□自分嫌いをやめる
□完璧をやめる
□こだわるのをやめる
□我慢するのをやめる
□気にするのをやめる
□頑張るのをやめる
□すぐに決めるのをやめる
□なんとなくをやめる
□期待するのをやめる
□待つのをやめる
□求めるのをやめる
□迷うのをやめる
□理解してもらうのをやめる
□怒るのをやめる

□ 相手にするのをやめる
□ 疑うのをやめる
□ お世辞をやめる
□ 一番になるのをやめる
□ 勝とうとするのをやめる
□ 自分でするのをやめる
□ 戦うのをやめる
□ 決めつけるのをやめる
□ 答えを探すのをやめる
□ 好かれようとするのをやめる
□ 同時にするのをやめる
□ 思い出すのをやめる
□ 口に出すのをやめる
□ そばにいるのをやめる
□ みんなをやめる

たぐちひさと

Instagramで仕事、家族、人生などをテーマとした言葉を綴り、「心に響く」「救われる」と話題に。フォロワー数は60万人を超える。
著書に『20代からの自分を強くする「あかさたなはまやらわ」の法則』(三笠書房)、『そのままでいい』『キミのままでいい』(ディスカヴァー・トゥエンティワン)、『きっと明日はいい日になる』(PHP研究所)など。

お問い合わせ先（ご感想はこちらまで）

info@job-forum.jp
Instagramアカウント:@yumekanau2

※本書の感想を「#もうやめよう」でInstagramにご投稿頂ければ、著者がいいね!しにいきます。

[監修]
コンラッド・ユーキ・フッテル

早稲田大学在学中から、各種ボディワークを学び、大学院では生理心理学を研究する。卒業後は「人間の習慣」に注目した「フェルデンクライス・メソッド」をオランダ、ドイツで学ぶ。帰国後、これにKJ法（問題解決技法）を加えた「ハーモニー体操」を考案、実践している。

デザイン　蓮尾真沙子（tri）
イラスト　おがわゆきこ
取材協力　幕内美智子
（鍼灸師・臨床心理士）
校正　小出美由規
取材　平川 恵
編集　合川翔子

もうやめよう
〜もっと自分を好きになるために〜

発行日　2020年2月29日　初版第1刷発行
2023年7月10日　第2刷発行

著者　たぐちひさと
発行者　小池英彦
発行所　株式会社 扶桑社
〒105-8070
東京都港区芝浦1-1-1　浜松町ビルディング
電話　03-6368-8885（編集）
03-6368-8891（郵便室）
www.fusosha.co.jp

DTP製作　平林弘子
印刷・製本　図書印刷株式会社

ISBN 978-4-594-08414-1